博物館人旅行劄記之一

古蹟 · 民俗 · 博物館

呂理政／著・攝影

世界宗教博物館
發展基金會附設出版社

　　旅行是一種生活的體驗，劄記是一種心靈的記錄；對於「博物館人」呂理政先生而言，這些都是田野調查、學術研究的廣大天地。而我們有幸邀得呂先生為籌建「世界宗教博物館」的顧問，呂先生更不吝提供自己體驗與調查的結果，讓同樣需要常到世界各博物館參訪、吸取經驗的我們，打開眼界、充實知識，對籌建「宗博」的思考，真是頗多助益。

　　這系列「博物館人旅行劄記」，就是一趟趟知性之旅的集結，是呂先生以博物館專業眼光所看過、走過的獨到經驗，以不時閃現智慧靈光的生活化筆調、豐富的攝影記錄，娓娓道來。不管對生活或學術研究，他都是個極認真與踏實的人，彷彿在修練自身一樣；但在呈現他的研究調查結果時，又時時考慮到一般人的需要。這絕對是一本有深度、有價值的旅行生活書，可以與生命的行旅相伴，可以開拓我們的心靈視野。

　　智慧高的人，生活範圍大而無限，因為他沒有任何的執著與妄想，所見的一切都是智慧的表現。心清靜故，自能明辨、察覺、圓融與超越。

世界宗教博物館創辦人

釋 心 道

1997，春

目錄

博物館人旅行箚記之一 《古蹟、民俗、博物館》

著者／呂理政
創辦人／釋心道
發行人／楊麗芬（釋了意）
文字編輯／徐藍萍
美術編輯／林翠枝
發行所／財團法人世界宗教博物館發展基金會附設出版社
地址／台北市南京東路五段 92 號 11 樓
電話／（02）7564005
劃撥帳號／18871894
戶名／財團法人世界宗教博物館發展基金會附設出版社
印刷／沈氏藝術印刷股份有限公司
初版／中華民國八十六年三月
版權所有　請勿翻印
ISBN 957-99095-2-0　（平裝）　NTS330

　　博物館不僅以具體標本文物的立體呈現、詮釋、傳遞資訊，將內容脈絡化，供人閱覽觀賞，更為大地的歷史、人類的文化藝術資產，善盡保存管理的責任，同時將教育和研究工作納入博物館運作的體系之內。所以，願以「博物館人」自我期許，終生以博物館事業為職志，悠遊於博物館學的理論研究、經營理念、文物採集、展示規劃設計，或與專家辯證、和觀眾以及社區對話等，並且全神投入，以創意和想像以及專業學域的涵養加上一技之長，創造一座博物館的生命與情境的「博物館人」，在台灣博物館界仍屬鳳毛麟角。

　　在我開始深入涉獵博物館學領域的十五年來，很慶幸的總有一位亦友亦師、可以討論、傾聽、請益和督促的摯友，共同走上博物館的道路──儘管我們之間的個性和處事方法簡直可說是南轅北轍，但我們卻從無爭執、合作無間的完成十一件「博物館」或「類博物館」的研究規劃、設計執行案。其中有七座已開館；並且在我堅持請託之下，繼續共同為世界宗教博物館貢獻我們的博物館專業知識與籌建經驗。

　　這位可尊敬的朋友即本書作者，現任國立台灣史前文化博物館籌備處研究員的呂理政先生。在本書的副標題《博物館人旅行割記》及上一本博物館學研究文集《地球是個博物館》的自序文＜一個博物館人的心路歷程＞，隱現呂先生身為專業博物館人頂戴的光環和心中的自珍自重，在這個世代，這種專業的敬業精神是一種值得信賴的美德。雖然他律己、治學、作工均甚嚴，但心裡藏著一份溫柔，不僅是對著家人親友如此，且因為人類學的訓練，而更尊重、關懷世界各民族與文化，繫念於營造建立屬於人間的大地博物館。他曾自剖對明日博物館的思考，並鼓吹「將博物館的觀念推廣到生活中，把家庭、社區、都市、民族居地、國家，乃至將地球全體視為一個博物館來思考，集眾人之力，共同來創造自己美好的生活環境和生活體驗」，這些都可透過博物館的功能來實踐，其途徑是：「以博物館珍愛藏品的觀念來珍愛地球的自然與文化資產，以博物館展示真善美的觀念來展現地球美好的一面，以博物館溝通的觀念來溝通世界各民族，增進了解，共創福祉世界。」字裡行間，充滿對自然、對

各民族的歷史文化以及包容蘊育一切生命的大地以深情的銘感和敬意；細心的讀者，你一樣可以從本書讀到、體驗到他心中「大地之愛」的符碼和意象。

從本書，我同樣的感受到他行萬里路、讀萬卷書的嚴謹治學態度，一如以往；這對一向懶散但求自在的我，是相當震撼的。早在1970年底和他初識於蘭嶼，一起進行雅美族的民族學田野調查，此後的交往是一連串的驚訝甚至是羨慕的過程。他精於管笛音律，能畫善雕，擅於攝影，透過鏡頭的取景和詮釋的角度，我發現：信仰、儀式、生命歷程和「人」，是他刻意捕捉的題材，但也不放過兒童純真的表情和物質文化的精采表現。

雖然在不同的機構裡工作，但對台灣文化重建與對博物館的熱愛卻一樣的執著。不過開啓博物館的路卻頗艱辛，他曾感慨的說：「專職從事於博物館工作時，台灣的博物館學研究幾乎尚未起步，國內不僅缺乏專門的訓練機構，也很少可資參考的專業書籍文獻。對於一個半路出家的博物館人而言，其中遭遇的許多求助無門的困難和邊做邊想的學習都是難以忘懷的體驗。在走上博物館專業的路程中，大半都是一面收集國外參考資料，一面自行摸索思考的過程，其中苦樂均銘刻在心。」1983年呂先生任職於中央研究院民族學研究所，除整理人類學收藏品，並全責規劃設計該所人類學博物館新館的展示，並兼代博物館主任；該館雖為小型的研究取向之民族學專題博物館，但卻是當時博物館專業人員研習時的重要觀摩對象。

就是這樣一路顛簸走過來的經驗，而發展一套落實於本土社會文化情境的規劃模式，然後又擴散、轉借在其他博物館的籌建過程中。呂先生是極少數台灣博物館運動啓蒙期曾獨立作業的拓荒者之一；而且能像他這樣，從規劃構想、目標、功能、展示策略的擬定，到標本文物的選擇、展示架構理論設計，撰寫腳本、說明文案、實施計畫，繪施工圖到執行製作等所有過程全責獨立完成者，必須能兼跨許多學科和技術的，更屬少之又少。

因為中研院民族所的環境，呂先生除展開博物館生涯之外，也帶動重拾台灣民間信仰、民間藝術的研究調查工作；陸續著書出版探討傳統社會宇宙認知的《天、人、社會》、研究

民間信仰的《傳統信仰與現代社會》、調查民間戲曲的《布袋戲筆記》。因緣際會，再啣師命到國立台灣史前文化博物館籌備處，為了規劃及推動建館工作，開始十數次豐碩的國外博物館及深入中國大陸西南、歷史古都的考察旅行，並完成極具專業的《東亞的遺址博物館》和《考古遺址現地保存與展示之研究》兩書，均為國內僅見的專書；此期間還陸續發表十數篇學術論文、記錄，範圍包括博物館學理論、博物館文物與展示、儺戲、民間木雕藝術及探討宗教與博物館的專論。

　　四年前，我力邀、推薦他為世界宗教博物館建館理念的具體實踐擔任長期諮詢顧問的工作，也獲創辦人心道法師的欣然禮聘；我知道他一旦承諾的事必全力以赴，是一位堅持原則與信守倫理的人，是一位真有實力的專家。雖然在百忙之中，他必須以史前館的開館為主軸，但已為「宗博」立下許多奠基的架構、文件，在每趟從台東飛回台北，只要時間上有可能，第一件事就是先到「宗博」；所以，他願將本書獻給「宗博」出版的意義，不僅是「一本書」而已，更是一份真摯溫柔的情意。一朵花是一個世界，一本書也是作者一個內面的世界與外在世界的感通、觀照；我們感念這份情緣。

　　期間，我們曾結伴到貴州黔東南深入苗境作民族學考察，到廣州、西安、咸陽、北京，拜訪博物館、參觀古蹟遺址，只要有機會就拜訪民家，體驗他們的生活生業、工藝製作、信仰儀式；也隨「宗博」去德國馬堡、柏林，到英國格拉斯哥、倫敦、牛津、威爾斯等地拜訪專家學者，參觀宗教研究機構、大教堂、民族學和藝術博物館、史前文化遺蹟。從出門前他已備妥所能找得到的旅遊資料和參考文獻，對計畫中的任何目的地幾乎是如故地重遊般的熟稔；從抵達機場開始，他即不停的記筆記，到達的每一個點總是能找到最有用的資料，每天晚上必作記錄的整理與「田野日誌」，理好第二天行程的裝備，然後打電話回家報平安。這樣的習慣固然是「職業之使然」，也是責任與感恩的反射。

　　本書名為《古蹟‧民俗‧博物館》即是一位「無可救藥」的專業「博物館人」考察旅遊

的記錄；基本上闡述的中心理念是朝著大地博物館、生態博物館、遺址公園和主題公園的戶外博物館方向思考。他以人類學家的廣域視野、對大地之愛、對人間的關懷，透過博物館的專業經驗與知識，以清晰通達的文字和圖像，表達他對歷史古蹟、社會民俗、宗教信仰、藝術文化的珍惜，集結成冊，以完整交待數年來的所思所得，也分享給有緣的讀者。

之所以如此瑣琑描述作者的用意，是希望讀者在閱讀本書時，也能有與作者一樣的心境體驗大地風姿與文化生態的情境；博物館觀點加上人類學、民族學觀點，是下一個世紀愈趨國際化所需的人文認知之基本素養，在「另類觀光」以欣賞了解異國歷史文化為主流的出國求知旅行益為興盛之際，善用信實深刻的資訊深有必要，並且讓每次出國都是可預期的、豐盛的深度旅遊。

本書的旅遊點都是熱門且方便可及的地方，但在呂先生的描述之中，古蹟不僅是過去的歷史遺存而已，各地的民俗風情也不是僅止於旁觀者的驚奇而已，大地有情，足跡所至之地在作者的眼中「都是一座座各具風姿、而且活生生的博物館（living museum）」。文中所導覽的博物館讓我們更接近，博物館觀點進一步帶領讀者如臨現場目睹展示，邂逅歷史過程所遺留的文物、土地上發生過的建築遺構，以及安身立命的在地人，共同構成鮮活的圖像，提供給我們一種延續的、傳承的、甚至可以觸摸感覺得到的歷史親切感，一種可面對的真實與似曾相識的感覺，正是作者文筆用心的所在。

希望讀者有機會前往這些地方時，請帶著這本書。也藉本序文向作者致敬與致謝。

宗博執行顧問

江 韶 瑩

歲次丁丑年正月

　　從年輕的時候開始，就喜歡到處旅行，常以「行萬里路」自期。大學時代所學的是考古學與民族學，因而有機會在田野調查工作中，走訪台灣各地。二十多年來，斷續的從事台灣民間戲曲及民間信仰的田野調查研究，當然也免不了在城鎮、鄉村、山地各處跑。最近十幾年，成為專職的博物館人，又因為工作上的需要，到處收集資料，可以說是一個經常旅行的人。雖然如此，卻因為機緣不巧，屢失交臂，一直延宕到年過四十才首次踏出國門。

　　平常沒有寫日記的習慣，但是因為田野調查工作的需要，通常會留下簡要的「田野日記」作為備忘。出國旅行，我也以寫田野日記的形式留下一點記錄，也多少收集相關資料，備為工作參考。然所至之地，因公務所羈或時間及行程所限，均未能暢所欲遊，得以聞見者，自難免有管中窺豹之歎。又因所學之限，是以記錄之事及收集之資料，大抵限於古蹟民俗及博物館見聞為主，此職業之使然。

　　在目前經濟富裕的台灣，出國旅行已經是許多人習以為常的事；但是於我而言，出國旅行是舒展心靈與工作歷鍊兼而有之的重要大事。因此我習慣在行前閱讀相關資料，在旅程中書寫記錄和感想，以免辜負了難得的機會，把歷次旅行的日記和備忘，輔以收集的資料，在工作之餘陸續整理成文，不拘體例，撰成篇章，匯為「博物館人旅行劄記」。自來在旅行中喜歡攝影，所至之地常隨興獵影，便為記錄。書中圖片大都為筆者旅行期間所攝，一則以輔書中文字之不足，再則為旅行之紀念。

　　對於一個學人類學的人來說，多彩多姿的異文化 (other cultures)，其實就如同各具風格的博物館，筆者的國外旅行，大都是以拜訪博物館為主要目的。然而，足跡所至之地，像印尼的巴里島，日本的京都、奈良，美國的波士頓，德國的馬堡，英國的牛津、愛丁堡、格拉斯哥、約克城，紐西蘭的但尼丁，貴州的苗家村寨和漢人石頭寨，甚至尼泊爾全境，在我的眼中都是一座座各具風姿、而且活生生的博物館 (living museum)。

　　行路萬里，為的是開拓眼光，舒展胸襟，豐潤自己的心靈。蟄居台灣四十年，一出國

門，才覺得天下之大，無所不有。越有機會旅行，越覺得所到的地方太少；而所到之處，得以聞見者也不過全貌的千百分之一而已。即使是如此，每一次旅行都會帶給我意想不到的驚奇和喜悅。旅行可以不斷的開展心靈的世界，所以，我的心願是還要走更多地方，看更多風光，了解更多民族，體驗更多文化。

本書付梓之際，要感謝國立台灣史前文化博物館籌備處的前主任連照美教授及現任的陳義一主任，他們慨然提供我多次公務出國考察研習的機會，使我得以眼界大開。我的工作同仁在我出國期間，代理我的職務，分擔繁忙公務，使我得以無憂的旅行，十分感謝他們的幫忙。靈鷲山無生道場的心道法師以及國立藝術學院的江韶瑩教授為本書賜序，覺得十分榮幸，謹誌謝忱。世界宗教博物館發展基金會曾經提供歐洲博物館考察的機會，基金會的秘書長了意師鼎力支持本書由基金會出版，負責文編的徐藍萍小姐、美編的林翠枝小姐費了許多時間和精神來編輯，法安師用心讀稿、協助編輯，都盛情可感，敬申謝意。我的同事徐明芳、林娜玲兩位小姐，還有內人素珍和小女怡安都曾經校讀文稿，幫了我很大的忙，十分感謝。特別是文稿初成時，當時就讀國小六年級的小女怡安很細心的看了文稿，並提出她的一些小意見，讓我覺得「有女初長成」的喜悅。

從一九九一年開始，每年都安排了我和內人的「再蜜月旅行」，她對我興趣的尊重，使我可以隨意安排旅行的地點，要謝謝她體貼的心意。感謝曾經與我一同旅行的同伴以及旅行中協助過我的所有人，我十分珍惜能與他們相識相伴的緣分。

呂理政

一九九六年十二月二十日
於國立台灣文化博物館籌備處

第 1 章

雪峰・密林・古城

尼泊爾漫遊記

二度蜜月

1990年的冬至日，是我和內子素珍結褵十載的紀念日，婚後十年間，她一直為家庭操勞忙碌，一方面為維持家計而勤奮工作，還要兼顧家裡的兩個女兒，另一方面也為了擁有一間自己的小小房子，弄得經濟上十分拮据，根本沒有餘裕，當然也不敢奢想能休假到國外去旅行。結婚十週年紀念日這一天，我們共同許下一個心願，要在一年間存一筆錢，計畫到國外旅遊，來慰勞自己。

從少年時代就一直嚮往印度、巴里島、錫蘭、尼泊爾的佛教與印度教的遺跡和藝術，每從書上看見圖片就神往不已。不過在二十年前，出國旅行的費用高得不敢想像，出國觀光旅行也尚未開放，想要到那些嚮往的土地上徜徉，根本是一種夢想。如今，情轉勢移，出國旅行已經成為台灣人渡假的普遍方式，而我也有機會實現少年時代的夢想。

1991年冬天，我們選擇了尼泊爾的九日旅遊，於11月9日從台北出發。這是我和內子的第一次共同國外旅行，心中滿載著對尼泊爾的憧憬，開始了這一趟二度蜜月旅行。

▲尼泊爾中部和東部主要公路及城市圖

▶加德滿都谷地

一朵奇葩

如果說以聖母峰（Everest）群峰為「世界屋脊」，那麼尼泊爾就是綻放在屋脊之下的一朵奇異璀燦的鮮花。尼泊爾位於喜馬拉雅山脈的中段南方，北鄰西藏高原，東、西、南與印度接壤，國土東西狹長，面積約十四萬平方公里（約為台灣的四倍）。因為地形複雜，所以氣候變化很大，北部的喜馬拉雅山地是高山寒帶氣候，中部的加德滿都（Kathmandu）等谷地屬於溫帶氣候，南部的塔來（Terai）地區則屬亞熱帶氣候。尼泊爾全境皆屬大陸性氣候，晝夜溫差頗大。我們這一次的尼泊爾之旅，主要的活動在加德滿都谷地、塔來的皇家奇旺國家公園（Royal Chitwan National Park）和波卡拉（Pokhara）谷地三處。

加德滿都谷地海拔 1330 公尺，四面環山的谷地中，充滿十四世紀至十八世紀紅磚建築的城市和小鎮，田園風光十分優美，城市小鎮都有廣場，街巷中處處點綴著印度教神廟和佛塔，構成此地特有的文化風貌，充滿濃郁的宗教氣息。加德滿都、巴克塔布（Bhaktabur）和帕坦（Patan）是谷地中的三大古城，最能代表尼泊爾的宗教信仰和傳統文化。

尼泊爾與印度交界的塔來地區，面積廣大，幾占尼泊爾國土的一半，是一片東西連亙的亞熱帶密林地區，繁茂的密林中是老虎、犀牛、大象、鱷魚的原始棲息地。這一片沼澤叢林曾一度遭砍伐濫墾，所幸

▲遠眺加德滿都谷地，充滿中世紀風味的城市景象盡入眼簾。

尚未開發的密林地區，目前已經由國家公園處劃定為保護區。皇家奇旺國家公園在 1962 年成立，是尼泊爾的第一座國家公園，位於加德滿都西南方一百二十公里處，面積約九百平方公里，海拔約 150 公尺，是叢林與象草覆蓋的沖積平原，其中有那拉雅尼河（Narayani）蜿蜒經過，充滿原始而別具風味的自然風光。

波卡拉谷地，位於加德滿都西方約二百公里處，是尼泊爾境內的第二大谷地，也是西藏人、尼泊爾人、印度人穿梭往來的交易中心。谷地中散布著幾個恬靜的湖泊，其中以費娃湖（Phewa Tal）最大也最美。環圍谷地的群山之中，擁有喜馬拉雅山脈的 Dhaulagiri、Annapurna、Machhapuchhare 等 8000 公尺的連峰，雄偉壯麗。從海拔 900 公尺的谷地北望，山峰矗立，直通雲宵，無怪乎有人認為世上再沒有任何地方能像波卡拉一樣，能夠這麼親近的瞻仰喜馬拉雅山的風采。泛舟在費娃湖上，坐看倒映水中的連綿雪峰，更是人間難得的景色。

歷史與人民

尼泊爾早期部落時代的歷史，因史冊不載，今已不得其情。

根據傳說，加德滿都谷地的最早統治者，是西元前第七、八世紀時來自東方的基拉人 （Kirati）。基拉王朝傳了二十八個國王，至第三、四世紀之際，從印度入侵的里查維王朝 （Licchavi）取而代之，帶來了尼泊爾藝術文化的第一個黃金時代。從此，尼泊爾正式出現在南亞的歷史舞台。里查維王朝於第七世紀步入衰途，繼之而起的是特庫里王朝（Thakuri）與笈多王朝（Gupta）。

▼尼泊爾境內第二大谷地波卡拉，是西藏人、尼泊爾人、印度人穿梭往來的交易中心。

經過數百年的經營，尼泊爾國土疆域大致底定，逐漸脫離印度而獨立。到了十二世紀，加德滿都成爲尼泊爾的首府，在文化及藝術上，接受印度極大的影響。十三世紀，在宮廷權利鬥爭中，由馬拉家族（Malla）取得勝利，建立馬拉王朝，統治加德滿都谷地，直至十八世紀，創造了尼泊爾藝術文化十分蓬勃的巔峰時代。今日在尼泊爾所看到的宏偉建築、精緻木雕和石雕，大部份都是這個時代的產物。

▲淳樸的尼泊爾人，以親切的笑容迎接我們。

　　十八世紀時，加德滿都谷地西方的廓爾喀人（Gurhka）興起，不斷征服鄰邦，國力及軍力都日益壯大。廓爾喀人終於在1768年攻入加德滿都，建立夏哈王朝（Shah），並積極進行國土的統一及領土的擴張。此時，殖民印度的英國人，不願坐視尼泊爾入侵印度，於是雙方引起衝突，發生了持續兩年的戰爭，史稱「尼泊爾之役」。

　　1816年，尼泊爾敗北之後，簽訂和約，決定了現在的東西疆界。此後，尼泊爾執行「鎖國政策」，除英國之外，與其他國家一律不相往來，遺世獨立達百餘年之久。1846年，在一場血腥的宮廷政變之後，夏哈王朝的一名年輕軍官揚巴哈德‧拉納奪取實權，軟禁了國王，自任爲宰相，建立其職位世襲與繼承制度。他一面刺殺和迫害政

▶天真無邪的小朋友，他的
笑靨是不分國界的禮讚。
▼羞赧的尼泊爾婦女，勤懇
跨出一步步生活的足跡。

敵，一面啓用拉納家族的近親朋友，總攬全國軍政大權，開創了長達百年的獨裁政治。1951年，特里布汶國王（Tribhuvan）得到印度的支持，重掌政權，結束拉納家族的獨裁時代，同時解除鎖國政策，對外開放門戶。1955年，馬罕卓國王（Mahendra）繼位，頒布憲法，尼泊爾正式成爲君主立憲國家，但國王仍擁有絕對權利。現任國王畢藍卓（Birendra Bir Bikram Shah Dev）於1972年登基，相當受人民愛戴。

尼泊爾是一個多民族的國家，總人口約一千七百萬，境內有數十個民族混居。創造加德滿都數個世紀藝術文化的尼瓦人（Newar），常作爲喜馬拉雅專業登山嚮導的雪巴人（Sherpa），驍勇忠誠聞名於世的廓爾喀人（傭兵），善於營商貿易的薩加利人（Thakali）等等，還有居住或穿梭往來於尼泊爾境內的印度人與西藏人，他們都各有語言、文化和宗教信仰，但是同處在一國度裡，卻充滿著和諧，使人不得不佩服他們的容忍氣度。我們在旅行中所接觸的尼泊爾人，雖然不能分別出他們究竟是那一族群，但都給人篤實友善與自然親切的印象，對於到此一遊的外來客而言，心中覺得十分舒坦。

▲「來，笑一個！」不過她卻一本正經的立正站好。

尼泊爾的神靈世界

有人形容尼泊爾是一個充滿驚奇的神祕國度，它的驚奇和神祕來自於它獨特的信仰。在這個神祇與凡人共處的國度裡，如果不能瞭解尼泊爾人的神話、傳說和信仰，就不能瞭解尼泊爾人的生活。

尼泊爾的主要宗教是印度教（Hinduism）和佛教（Buddhism），

兩者在尼泊爾與密宗（Tantrism）交融之後，已經難解難分。因此了解尼泊爾信仰的人都知道，如果你問一個尼泊爾人到底是印度教徒還是佛教徒，根本是他們無法回答而且沒有意義的問題。

佛教徒把印度教中三位一體的大梵天（Brahma，創造神）、毘濕奴（Vishnu，保護神）和濕婆（Shiva，毀滅與再生之神），當成佛陀的化身，而印度教徒則將喬達摩佛陀（Gautama Buddha）當作是毘濕奴的一個化身。

尼泊爾的宗教，事實上起源於西元前 1700 年左右從印度北部傳入的婆羅門教（Brahminism），當婆羅門教逐漸演化為印度教時，包含了許多不同的玄學系統與多神的信仰，他們沒有正式的教規，也沒有嚴格的組織，每一個印度教徒都可以選擇自己最喜愛的神及適合的信仰儀式來膜拜，因而產生印度教多采多姿的信仰面貌。代表尼泊爾傳統藝術文化菁華的印度教神廟和佛塔建築，以及數不盡的精緻木雕、石雕，都是尼泊爾人虔誠信仰的昇華，也最能呈現他們豐富的心靈意境。

尼泊爾是佛教創始者釋迦牟尼佛的故鄉，佛陀的誕生地藍毘尼（Lumbini）在國境南緣，南距印度國境僅二十公里。1895年，英國人發現了刻有「釋迦牟尼佛誕生於此」的石柱。據考證，此石柱為西元前 250 年，印度孔雀王朝的阿育王（Ashoka）所立。藍毘尼南方殘存一座古代水池，據傳為佛陀生母沐浴之處，藍毘尼北方約二十公里有釋迦族的故城卡毘瓦斯都（Kapilvastu）。每年有許多虔誠的佛教徒到此朝聖，盤坐冥思佛陀的智慧。

尼泊爾人同時也把他們敬愛的印度教神靈與高聳的雪峰連繫在一

▲加德滿都的市街景象。

起，如格莉山卡（Gauri Shankar）雪峰是濕婆神和他的妻子巴瓦娣（Parvati）的住所，甘尼許雪峰（Ganesh Himal）是以象頭神甘尼許命名，安娜普娜（Annapurna）雪峰，則是富足女神之名。這裡是眾神的居所，也是尼泊爾人的家園。無所不在的大小神廟，無所不有的神靈化身（一般人相信尼泊爾國王就是毘濕奴的化身），處處受人民虔誠膜拜。生活在這裡的人，每天總要花很多時間與神靈相溝通，在這裡，人與神靈之間是如此的親近，甚至交融無間，因此我們才說，尼泊爾是神人共處的國度。

加德滿都第一夜

蔚藍的天空飄著幾許白雲，配襯著我們渡假旅行的興奮心情。中午時分，搭上國泰班機飛往香港，在香港轉搭港龍航空班機，穿越中國西南的雲貴高原，飛往加德滿都。

經過六個小時的行程（中途在達卡落地停留一個半小時），本團一行二十一人抵達尼泊爾的特里布汶機場。在機場辦了落地簽證，出關乘車前往加德滿都飯店（Hotel Kathmandu），抵達的時候已經是台灣時間深夜十二點左右（此地與台灣時差兩小時二十分，換算本地時間為九點

▼加德滿都街上，稀落往來的人與車輛，為城市寫下無限生機。

▲◀巴克塔布是加德滿都的三大古城之一，更是
尼泊爾文化的代表性櫥窗。巴克塔布王宮廣場
衆多的建築與雕刻，則是牽動旅人心底最初的
驚奇。

五十分）。接機的本地嚮導是一位尼泊爾籍的印度人庫馬爾（Kumar）先生，他以忠厚而可親的笑容，沿路介紹他的國家和人民，開始了我們旅程的序幕。

車行大約四十分鐘，經過鄉野和沉寂的街道，停在一座優雅的旅館前。大夥兒一下車，才走到旅館門前，親切的服務生就分別在每個人的額上眉間點個紅點（稱為tika），表示歡迎與祝福之意。這家旅館並不壯觀，但設計優美，服務親切，感覺十分舒適，來到尼泊爾的第一夜就感覺很貼心。

驚奇的一天

加德滿都→巴克塔布→帕坦

```
┌─王宮廣場：（1）神廟博物館
│           （2）國家藝廊
│           （3）巴克塔布博物館
│           （4）太陽門（黃金門）
│           （5）塔蕾珠宮院、庫瑪莉宮院中的塔蕾珠和庫瑪莉寺
├─陶馬迪街：那塔波拉廟
├─普加里僧屋：孔雀窗
└─達塔唇亞廣場：達塔唇亞廟
              （1）千佛寺
              （2）王宮廣場：桑達里宮院
```

清晨六點，等不及天亮就起床，趕快梳洗，夫妻倆到旅館附近去散步，在寒風料峭的初冬，體驗加德滿都充滿新奇的第一個早晨。

旅館不在鬧市，附近是一片平房，當我們走上清晨的街頭，見到街屋矮門上彩繪的眼睛，好像注視著外鄉人。街上已經有悠閒的尼泊爾人稀落來往，但首先引起我們注意的是街角小廟前，虔誠頂禮的信

徒，還有帶著祭品（puja）一路走向神廟的男女。他們捧著一個銅製的小碟子，其中盛著米、紅粉和黃色的小花瓣，祭拜的時候，把這些東西灑在他們敬愛的神像上。然後將紅粉和上黏土，在額上眉間點一個紅點，這就叫做「替卡」（tika），象徵與神同在。上神廟、替卡，就是尼泊爾人起床後的第一件事。

早餐後，我們啓程前往巴克塔布古城（Bhaktabur，也稱巴特岡，Bhadgaon），此城是加德滿都谷地中的三大古城之一，位於加德滿都東方十四公里。相傳於西元 889 年，由馬拉王朝的阿難達‧馬拉（Ananda Malla)國王所修築，十四世紀至十六世紀間，巴克塔布成爲加德滿都谷地的首善之都。此城在1768年，廓爾喀人統一加德滿都谷地前，一直獨立發展，未受外界影響，所以較之加德滿都及帕坦具有更鮮明的特色與風格，也成爲古典尼泊爾文化的代表性「櫥窗」。

▶巴克塔布舊王宮廣場

▼巴克塔布王宮廣場中，一座別具
　風味的小型神廟。

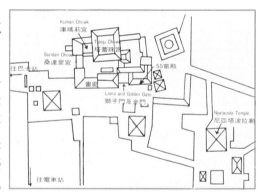

走進巴克塔布的王宮廣場，我感受到從未有過的驚奇，心裡忍不住的興奮起來，超乎眼睛所能承受的眾多建築和雕刻，同時湧進心靈，滿目所見無一不是可以攝入鏡頭的畫面，拿起相機，一時間竟不知從那裡按下第一次快門。

廣場中散置著許多各具風味小型神廟，趣味盎然，與廣場附近的大小神廟錯落，宛如一座戶外的「神廟博物館」。廣場南面是規模頗

大的舊王宮，現存的面貌是十八世紀初擴建完成的，有成列的精雕木窗，被稱為「五十五扇窗的宮殿」。舊王宮的一部份設置為國家藝廊（National Art Gallery）和巴克塔布博物館（Bhaktabur Museum），博物館的門前兩側有哈努曼猴（Hanuman）和人獅那辛（Narsingh）神像守護，這個門應該是原來皇宮的入口。博物館中展示了相當多珍貴的古代尼泊爾的唐卡（Thanka，卷軸式的宗教繪畫）、印度繪畫、佛教密宗繪畫和石雕佛像。

▲建於十八世紀的太陽門又叫黃金門，鍍金的屋頂、富麗的雕飾，在陽光下最是燦爛輝煌，是加德滿都最珍貴傑出的藝術精品之一。

　　博物館左側為建造於十八世紀中葉的「太陽門」（Sun Dhoka），這座精雕鍍銅的大門，在陽光下燦爛輝煌，因此也被稱為「黃金門」。正對大門有一根高大的石柱，頂端有一尊與真人大小彷彿的鍍金坐姿人像，他就是十八世紀初統治此城的布帕辛卓·馬拉（Bupathindra Malla）國王。

　　黃金門一向被公認為加德滿都谷地中最珍貴傑出的藝術精品之一，這座大門是札亞藍吉·馬拉（Jaya Ranjit Malla）國王於1753年建造，集合當時最優秀的匠師傾力完成的。門框上精雕許多神祇，門楣上是一尊非常精緻的摩訶維希那瓦（Mahavaishnavi）神像，楣尖

▶宏偉的黃金門，精雕鍍銅的大門嵌
　在光滑的磚牆之間。
▼通過黃金門後，只能在塔蕾珠寺外
　向裡看，因為這是印度教徒才能進
　去膜拜的地方。

◀▼ 巴克塔布城內的街巷，沒有熙來
攘往的人潮，偶見路邊孤伶伶的
小攤販，交織成一片悠然的生活
景象。

是一尊神鷹（Garuda）。大門嵌在光滑的磚牆之間，磚牆上覆蓋著鍍金的屋頂，其上有獅與象的雕飾。遊客可以通過黃金門進入第一個小中庭參觀，再深入的塔蕾珠宮院（Taleiju Chowk）和庫瑪莉宮院（Kumari Chowk）中有塔蕾珠和庫瑪莉寺，是非常受景仰的神聖寺廟，但是只有印度教徒才能進入膜拜，遊客頂多只能在宮院門口往裡頭瞧一瞧而已。

從王宮廣場往南走入陶馬迪街（Taumadi Tole），一座聳立的五重頂神廟，立刻吸引住遊人的視線。此廟名為那塔波拉（Nyatapola），即「五層建築物」之意，廟宇全高三十六公尺，是尼泊爾境內最高的神廟建築。廟底有五層方形基座，座上聳立五層屋頂的神殿，每層屋頂都有精美雕刻的斜撐（pati），最上層的方形基座四緣有二十根雕花木柱，構成環繞大殿的迴廊。廟前有長階，可登階至神殿，階梯兩側由下而上有角力勇士、大象、獅子、石獸、神像等五對守護雕像。那塔波拉神廟以均衡之美聞名於世，是尼泊爾建築藝術的精粹，也是此類塔廟的經典作品。

▲尼泊爾境內最高的神廟建築那塔波拉神廟，不僅是尼泊爾建築藝術的精粹，也是此類塔廟的經典作品。

這座建築是馬拉王朝的布帕辛卓‧馬拉（Bupathindra Malla）國王於1702年所建，獻給密宗的希提‧拉克希米（Siddhi Lakshmi）女神。遊客只能在大殿四周迴廊流連，不許入殿。根據傳統習俗，只有廟裡的婆羅門僧侶在夜間，才能參拜這位神祕的女神。不過我們可以在五層屋頂的一百零八根木雕斜撐中，看到這位神祕女神以及她的多種化身形貌。

離開那塔波拉神廟，我們轉入巴克塔布城宛如迷陣的街巷中。街屋建築仍保存十分傳統的式樣，臨街的大屋都是兩層至四層的建築，棕色磚造，有精雕的木窗和斜撐，有的門上畫了一對眼睛。每走一小

段路，就會有個小廣場，形成聚集民眾的小市集。街角到處有不知名的小廟和神像，偶爾也有門邊的守護神獸，磚鋪的路面上，不時可以看到獻祭的花和祭品。街邊有露天的浴池，陶器和金工的小店，路旁有正在陽光下為嬰兒塗油的母親。街上沒有熙來攘往的景象，只有從容不迫的行人，以及嬉鬧街頭的小孩，交織成一幅悠然自得的生活畫面。

不知怎麼左轉右拐的，就來到著名的「孔雀窗」下。此城中有許多印度教僧侶居住的僧屋（math），其中最著名的就是普加里僧屋（Pujari Math）。此屋始建於1763年，聲名遠播，僧屋裡外有許多精工雕製的木窗，尤其是一樓中庭陽台的窗戶，和位於屋子外部、面臨小巷的窗戶，窗心雕鏤精美的孔雀，因此稱為孔雀窗，凝目細視，確實不愧稱為藝術珍品。

走過普加里僧屋，我們來到達塔厝亞廟（Dattatraya Temple）所在的達塔厝亞廣場。此廣場位在城東，是本城早期的核心地帶，而此廟始建年代可以追溯到1427年，也許是巴克塔布城最早出現的廟宇。達塔厝亞廟是一座融合多教信仰的奇特廟宇，毘濕奴的信徒，將達塔厝亞視為毘濕奴眾多化身之一；膜拜濕婆的信徒，則將達塔厝亞視為濕婆的導師，當地的佛教徒將達塔厝亞視為釋迦佛的表親德瓦大達（Devadatta），而加以祭祀。

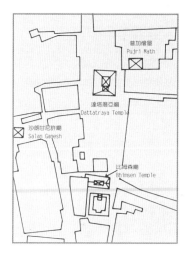

▲達塔厝亞神廟及廣場

▼巴克塔布城內一列列棕色磚造的街屋，有精雕的木窗和斜撐，保持傳統的建築樣式。

▲達塔厝亞廣場位於巴克塔布城東，是本城早期
的核心地帶，其中的達塔厝亞神廟，則可能是
城內最早出現的廟宇。

　　我們一行人經過三個小時的古城巡禮之後，就在廣場上駐足歇息。
廣場之側有許多小店和流動小販，他們不厭其煩的向我們展示具有本
地特色的風土紀念品，其中有廓爾喀彎刀、四弦琴（saringhi）、笛子、
唐卡畫、藏密面具、祈禱輪和各式各樣的小飾品，林林總總，令人目
不暇給。

　　我們在事先已經得到嚮導的警告，在尼泊爾買東西，一定要不客

氣的殺價，不然在價錢上一定會吃大虧。我們開始向圍攏過來兜售的小販討價還價，起先還斯斯文文，不一陣子就鬧得「殺聲震天」。小販對遊客的殺價一點也不以爲忤，三折、四折，你來我往，似乎成了外來客與尼泊爾人最有趣味的溝通。有的殺了半個小時沒有成交，彼此皆無慍色。我一向不喜歡討價還價買東西，自此加入「殺價集團」，爾後在尼泊爾的一星期之間，每至商店或攤販雲集之處，也入境隨俗的殺得昏天暗地。在理智上總認爲應該有比較節省時間公平交易的辦法才對，不過在此地，討價還價是最正經的事。很奇怪的是，在尼泊爾殺價的經驗，竟成爲這次旅行中十分難忘而愉快的回憶。

雖然在巴克塔布這個令人著迷的古城流連了半天的時間，實際上對於此地豐富的內涵，也只是走馬看花而已。爲了探訪更多的勝跡，我們也只好帶著充實而又不饜足的心情走出王宮廣場。離開巴克塔布城，我們造訪了帕坦古城左近的千佛寺。

千佛寺正名摩訶佛陀寺（Maha Buddha），置身於街屋錯落的一個侷促的小廣場上。這座十六世紀末所建的佛寺，在1934年的大地震時曾嚴重毀壞，重建時，高度降低了一些，剩下的石材，就在旁邊另築一座同型的小佛寺。高聳的佛寺周身嵌滿難以數計的釋迦牟尼佛像，故有千佛寺之稱。

黃昏時分，我們來到帕坦的王宮廣場，只見十數座石造及木雕精緻的寺廟錯落散布在廣場上。進入廣場的右手邊（南邊）是舊皇宮三座宮院中的桑達里宮院（Sundari Chowk），甘尼許、哈努曼及那辛的石像，設置在宮院的門口，門上方中央的窗戶是貼金的，兩邊的窗戶則以象牙雕刻而成。走入大門，可以看到宮院中庭有一個石造的皇家浴池（Tusa Hiti），池壁裝飾著許多精緻的石雕，池前有神猴哈努曼

和釋迦牟尼佛的雕像。環繞中庭的宮院是三層建築，木工雕刻十分傑出。

走出桑達里宮院，在夕色中，匆匆的瀏覽廣場一周。倏忽間，天色已然昏黑。驀然仰首，天際一輪新月，巴丹古城僅存尖塔與廟頂聳立的輪廓。

山水迤邐奇旺行

清晨又忍不住的散步到街頭，看晨起膜拜的人們。無意間轉入一條小巷中，在一座小廟前碰到了幾個怯生生的小孩，我們邀他們合影留念。

今天的預定行程是前往奇旺國家公園。我們在早餐後暫別加德滿都，搭乘一輛中型老爺車開始這一趟九個小時的長途旅行。我之所以說它是老爺車，那是因為在這一天的行程中，它就換三次輪胎。不過，話說回來，比起路上所見擠滿乘客、車頂還坐滿人的本地公車，無疑的，我們坐的車在此地算是高級遊覽車。

路途雖然遙遠，路況也時好時壞，不過全車人都心情愉快，因為車上有一個逗趣的隨車助手，一路逗大家笑鬧。最難得的是在車上，大家跟他學唱一首尼泊爾的民俗歌曲，作為隊歌。

為了更換輪胎，車子停在一個不知名的路邊村落，我們一夥人趁機下車舒展筋骨，到處閒逛。不一會兒，圍攏了一群天真的小孩，我注意到其中一個在姐姐懷抱裡的小男孩，眼眶周圍塗著濃濃的黑色眼影，覺得相當奇怪。後來經詢問，才知道這是一種保護小孩的古老風俗，據說眼影的色料中所含的化學物質具有消毒殺菌的功效。

下午四點鐘左右，我們抵達皇家奇旺國家公園，換乘卡車越過小溪和廣大的象草河原，到達萬昌營地（Machan Camp）。回望河谷，但見象草河原已沐浴在昏黃的夕色中。營地的旅舍前已昇起營火，晚餐前，我們欣賞了具有地方特色的塔來的民族歌舞。

營地中有木屋、草屋、帳棚等住宿設備，由旅客自行預訂，我們台灣來的「貴客」被安排住在營區中最高級的小木屋。不過，營地保存相當自然的風味，沒有電力供應，僅有的照明設備是兩盞黯淡的油燈。在寂靜的夜裡，只有風聲和蟲聲，我們感受到了脫離塵囂、投身大自然懷抱的舒暢。

騎象入林・獨木舟

奇旺國家公園 ┌ 野生動物保護區
　　　　　　└ 象草河原

國家公園的野生動物保護區內，據估計還棲息著四十隻孟加拉老虎和三百隻白犀牛。由於牠們自由的在林中出沒，無法掌握蹤跡，想要看到牠們並不容易，不過，來此的遊客，莫不期望可以在森林中一睹風采。

清晨五點起床，我們四人一組坐上象背的簡易木架，由當地嚮導騎在象頸駕御，隨著大象高低起伏的腳步，進入原始森林中。林中沒

▼奇旺國家公園中的象草河原，有一種遺世的靜美。

▲ ▶ 穿過象草河原後到達溪畔，讓獨木舟載我們
順流而下，伴隨一群悠然過河的牛群，走進令
人忘卻煩憂的情境。

有路，大象以其重逾千斤的腳步不疾不徐的穿梭林間，嚮導們一路注意地上的足跡，希望找到老虎和犀牛的蹤影。

突然間，一陣口哨聲傳來，然後是哨聲此起彼落，這是嚮導們的聯絡信號。大象立刻加快速度前行，終於我們在林間的草叢中見到三隻一群的白犀牛。本地的白犀牛也稱為獨角犀牛，有別於非洲的黑犀牛（複角犀牛）。

這一個清晨，在象背上的兩個小時旅程，真是新奇而令人難忘的經驗。稀奇的是，與我們同騎一象的洪小姐，在騎象的旅程中，一直很沉默，等到眾人下了大象，才發現她臉色蒼白。經過探問，才知道她因為經不起象背上的長時間顛簸，感到暈眩欲嘔。傳開之後，隊友們都笑稱，這是與暈車、暈船、暈飛機同類症狀的「暈象」。

早餐過後，我們來到大象飼養場，嚮導為我們解說印度象的習性，並且教我們從象鼻子翻身騎上大象的方法。內人素珍從小在宜蘭農村長大，有放牛和騎牛的經驗，所以率先嘗試站上象鼻，經過訓練的大象立刻抬高象鼻，素珍輕巧一個上躍，轉身跨在象頸上，博得大家掌聲鼓勵。於是大家紛紛依法騎上大象，在場中漫步。同行的人也趕快替騎象的人拍照，我想這將是這次旅行中最興高采烈的紀念照片。

下午，大家徒步走下象草河原，到達溪旁。幾架獨木舟已經在溪畔等候，我們分批上了船，順流而下，溪水時緩時急，轉折處船身搖晃，水花四濺。雖然還談不上驚險萬狀，但也嚇得我手心冒汗。過了激流，至溪水和緩處，看到牛群悠然的過河，水中沙洲有水鳥來去。忽然溪邊傳來一陣鼓聲，從船上看到一群小孩在溪岸上打鼓跳舞。我們停船上岸，並且要求船夫過河邀來這群小孩，大家就圍在河邊，為

▼氤氳著晨光的象草河原，宛如雲煙飄渺之仙境。

打鼓跳舞的小孩擊掌助興。

　　徒步回程時，象草河原已經沉浸在昏黃的夕陽中，視線越過河原，尚可依稀看到天邊的皚皚雪峰，予人胸懷頓開、渾然忘卻人間煩憂。

森林晨浴‧前進喜馬拉雅山

奇旺國家公園 →波卡拉

　　天色還沒亮，嚮導帶著大家，沿著溪谷步行走向森林。這時，天剛破曉，象草河原上晨光氤氳，潺潺流水間有小鳥覓食，宛如雲煙飄渺之仙境。我們走入林中，在樹間草叢中尋找野生動物。一路上看到梅花鹿、猴子，還有許多不知名的野鳥，享受一次清晨的森林浴。陽光升起，穿過葉影形成一束束光柱，我們怡然的陶醉在光影斑駁的森林中。

　　早餐後，我們夫妻倆意猶未盡的再漫步走入林中。停在小徑邊看蝴蝶、蜥蜴，聽四周蟲鳴鳥叫。反省從前，還真是從來沒有閒情逸致，如此專心地沉醉地在大自然的懷抱中。

　　中午揮別奇旺，在兩天的密林及河原的生活體驗中，對此地訓練有素的專業嚮導和體貼的餐飲服務留下美好印象。

　　旅程的下一站是波卡拉，我們將一直向喜馬拉雅山前進，以最真切的眼神注視雪峰。行行重行行，當我們停留在山腰一個不知名聚落的時候，遙望雪峰英姿，興奮莫名。大家建議下車走路，盡情欣賞這一帶美景。由於一路貪玩，一直到天色昏黑才抵達波卡拉。我們住宿於新水晶飯店（New Crystal），此處號稱是欣賞安娜普娜群峰的最佳

▲往波卡拉途中，不時可見不知名的恬靜聚落。

地點。這一夜，我們殷殷期待晨曦的來臨。

氤氳山谷 · 湖映雪峰

波卡拉┌ 費娃湖
　　　└ 舊市集 Bazaar

　　清晨五點，一行人搭車來到波卡拉郊外的一座小山丘下，開始沿著山路往上爬，準備登高看日出。由於時間沒有把握好，當我們尚未登頂時，太陽已經衝出山頭。不過，我們還是不氣餒的奮力登上山丘，一至山頂，頓覺眼前豁然開朗，極目四望，鳥瞰晨光氤氳的波卡拉谷地，一覽四圍迷濛中的鄉野梯田，令人心曠神怡。

　　山丘的稜線上錯落著幾棟僅剩斷垣的舊屋，顯然是一個已經廢棄的小村落舊址。建屋於山脊稜線之上，是尼泊爾民居的特色之一，我們在旅途中已經多次見到。徜徉在屋基殘壁之間，沐浴在冬日的朝陽中，再看看梯田間早起的農夫，山間奔走嬉戲的兒童，只覺得時間似乎凍結在一種難以言喻的氣氛中，徘徊良久，不忍離開。

　　導遊告訴我們，下面的行程是回旅館早餐，餐後前往波卡拉最迷人的費娃湖泛舟遊湖，我們才捨下晨煙逐漸散去的風景，疾步下山。一到費娃湖，入目的是一泓碧綠的湖水，我們僱了舟子，泛舟湖上。小舟盪到湖心，但見朗朗青天，白雲如絮，喜馬拉雅雪峰的山影清楚的倒映在澄澄的湖水中。青天白雲，湖映雪峰，如此絕世美景，難怪不知迷倒多少慕名而來的訪客。

　　湖中央有 座小島，島上有祀奉瓦拉喜神 (Varahi) 的金色小廟。我們也上岸參拜，碰到了前來膜拜的許多信徒。回到湖邊，大夥兒散開，各自閒逛。我們夫妻倆一面沿湖邊散步，一面在湖邊的小店

▲鳥瞰波卡拉谷地，感受置身層巒間的開闊胸懷。

買紀念品，當然難免又是為了價錢的問題「殺聲連天」。費娃湖邊全是古樸的小屋和簡樸的飯店，來自世界各地的遊客，悠閒的躑躅其間，一幅無憂世界的景象。此地有不少西藏人開的小店，他們比較冷漠，也不太接受尼泊爾式的殺價，不過我還是買了西藏的小刀、筷子和宗教法器做為紀念。

在湖邊的樹下，有當地的小販在兜售經敲破的黑色小礫石，奇妙的是石頭中居然有菊石化石，經過詢問得知，這些石頭都取自喜馬拉雅山中。擺在路邊地攤上，索費二、三百塊錢台幣的菊石化石，竟然可以做為神奇的大陸飄移學說的證據。我決定買一個回去，找機會將地球的故事，說給我的兩個女兒聽。

離開費娃湖，我們來到波卡拉城中的舊市集（Bazaar），內人素珍到街上去找一家美容店洗頭髮，我就獨自一個人信步在街上亂走。一路看著、走著，不覺漸漸離開市街，當遠遠看到一座獨立在田園間的古樸農舍時，忍不住想趨前去拍幾張照片。當我走到農舍前，意外的在屋旁的一座小神廟前，邂逅了幾個來自印

喜馬拉雅山的前身－菊石傳奇

菊石是頭足類的海相生物化石，四億年前的泥盆紀開始在地球上出現，到了中生代六千五百萬年前，大約與恐龍同時代，忽然絕滅而消失無存。來自喜馬拉雅山的菊石，證明了這一片數千公尺的高山群在遠古曾經是海底的一部份。可是到底是什麼原因使六千五百萬年前已經絕跡的海相生物化石，出現在距離海岸一千公里以上的數千公尺高山之上？到底又是什麼力量產生這個不可思議的事呢？

根據科學家的大陸飄移學說，地球早期時代的陸塊和現在的六大洲是極不相同的。二億年前的地球，全部陸地是聯結為一的巨大陸塊，稱之為「盤古大陸」，而地球的另一面則是面積更大的海洋。由於大陸塊深處的變化，地球內部的熱力開始抬舉陸塊，產生裂痕，每年以數公分的速度加寬，導致海水侵入陸塊裂隙，逐漸形成新的海洋。

現今的印度次大陸原先與非洲相連，自一億八千萬年前開始，印度板塊脫離南半球的非洲大陸逐漸向北方移動，越過赤道，經過了七千公里飄移之後，與歐亞大陸板塊接觸。在兩個大陸之間的海床上含有豐富的深厚沉積物（當然包括菊石），夾在兩個板塊之中，受擠壓而隆起，發生縐摺彎曲或彼此覆蓋，露出海面成為島嶼。

四千五百萬年前，印度板塊和歐亞大陸互撞而連為一體，但是仍然持續的推舉力量並未減緩，使印度板塊降入歐亞板塊下方，並推舉歐亞板塊的邊緣島嶼上昇，終於形成超越8000公尺的喜馬拉雅群峰及其背後的西藏高原，而像菊石一類的海相生物化石，就留存在數千公尺的高山上，成為板塊運動的鐵証。

度加爾各答的行腳修道者，其中一人主動的跟我打招呼，我就上前坐在神廟邊的草地上。我們用生硬的英語交談，在半個小時之間，我似懂非懂的聽他講行腳遊方的生活，以及行腳僧的精神。在離開前，我爲他拍了幾張照片並答應寄到加爾各答給他，以誌無意中相識的緣分（後來我寄到加爾各達的照片被退回來，我想此兄又不知遊方何處去了）。

佛塔・佛眼・黃金廟

波卡拉→加德滿都→帕坦→加德滿都
├ 黃金廟（克瓦寺）
├ 魚尾峰 ├ 杜而巴廣場
└ 蘇瓦揚布拿佛塔

▼波卡拉谷地邊緣銀白色的魚尾峰，高聳插天，彷彿是神話的原鄉。

早晨起個大早，到旅館頂層等著看旭日東昇。夜空由灰暗逐漸翻白，恬靜的波卡拉從晨霧中慢慢甦醒。當陽光灑滿大地，我們坐在旅館前的花園裡，不厭倦的癡看銀色插天的魚尾峰（Machhapuchhare）。上午十時，我們搭上二十人座的小型飛機直飛加德滿都，在四十分鐘的飛程中，從機上看一片銀白的喜馬拉雅山脈連峰英姿，壯碩挺秀，令人歎爲觀止。

在加德滿都午餐後，一行人驅車前往著名的蘇瓦揚布拿

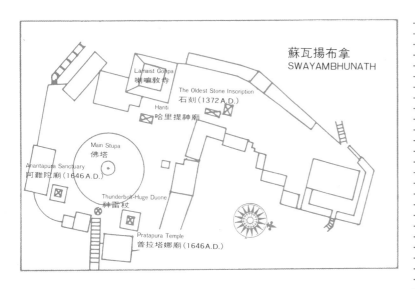

蘇瓦揚布拿
SWAYAMBHUNATH

Lamaist Gompa
喇嘛教寺

The Oldest Stone Inscription
石刻 (1372 A.D.)

Hariti
哈里提神廟

Main Stupa
佛塔

Anantapura Sanctuary
阿難陀廟 (1646 A.D.)

Thunderbolt-Huge Duone
神雷杖

Pratapura Temple
普拉塔娜廟 (1646 A.D.)

▲ 著名的蘇瓦揚布拿佛塔，位於加德滿都西郊。

(Swanyam-bhunath) 佛塔，這一座佛塔位在加德滿都西郊三公里，雄偉壯觀的矗立在一座蒼翠小山丘上。這座聞名世界，成為尼泊爾「註冊商標」的佛塔，已經有二千五百年以上的歷史。從山腳有三百八十五級石階可登上山丘，石階路底有三座漆著紅黃油彩的石雕佛像，一路拾階而上，每隔幾階，兩側就會出現一對大象、獅子、老鷹等諸神的動物座騎石雕。一登階頂，首先入目的是蘇瓦揚布拿佛塔的黃金色塔頂以及動人心魄的佛眼，這正是多年以前，我在旅行雜誌中所見到而不能忘懷的畫面，如今就在眼前，心裡忍不住唸著：我終於看到了。

　　尼泊爾的佛塔都依照一定的規矩建造，並且每一部份都有象徵意義，而蘇瓦揚布拿佛塔則為同類型佛塔之典範。白色的覆缽形塔基，象徵地、水、火、風「四大」（生成宇宙的四大元素）；方形塔身四面彩繪佛眼，象徵佛陀環視眾生的慈悲和智慧，兩隻佛眼之間、形似

▲▶已有 2500 年以上歷史的蘇瓦
揚布拿佛塔，幾乎是尼泊爾註
冊商標的佛塔，古舊的黃金色
塔頂，彷彿記載著世間蒼桑，
動人心魄的佛眼則靜定地看盡
人間萬象。

▲河岸的葬禮在露天的火葬台緩緩昇騰，沒有嗚
咽與悲傷，這是輪迴轉世的必經途徑。

「？」的圖樣是尼泊爾數字的「1」，象徵和諧一體；再上的十三層鍍金輪環象徵通往涅盤（nirvana）的十三種知識，塔尖的傘蓋則象徵佛家最終成就 ─ 涅盤。

塔基外緣有四座銅造壁龕，各奉一尊佛像，塔周並環列祈禱輪，前來參拜的信徒以順時鐘方向繞塔而行，手撥轉輪，禮佛祈福。佛塔之側有喇嘛寺及兩座錫卡拉（shikhara）式寺廟，塔外四周可以俯瞰加德滿都谷地，景色一覽無遺。附近有許多野生猴子，自由來去，遊客要提防相機、手提包，否則被猴子突如其來的抓走，想要拿回來可就難了。

從蘇瓦揚布拿佛塔回到旅館的時間還早，想起前幾天不能逛帕坦的遺憾，於是叫了一部計程車前往帕坦。我們首先來到通稱為黃金廟的克瓦寺（Kwa Bahal），這是一座規模宏大的佛寺，一對獅子護衛入口，正門滿佈銅塑花紋，作工十分精緻考究。長方形的廟宇建築有三層屋頂，寺中供奉許多佛像，包括數尊早期的喬達摩佛陀銅像。克瓦寺最早的歷史可以追溯到 1409 年，是一座歷史悠久的古廟。

寺廟中庭有一座方形小廟，四圍裝飾著多扇銀門，並有佛像環列。廟頂是十分華麗的黃金色鍍銅尖頂，允稱藝術精品，這也是此廟被稱為黃金廟的由來。廟宇正面的屋簷下，有包金的橫飾帶，刻畫佛祖的生平事蹟。廟裡有樓梯可以通往二樓的喇嘛殿，遊客可以登梯參觀禮佛的儀式。本廟的香火鼎盛，不同的佛教團體每月輪流住錫廟中，持戒禮佛，並悉心的看護這座珍貴的古蹟。

離開黃金廟，再度走到帕坦的杜而巴廣場。因為天黑得快，匆匆環走廣場一周之後，天色已轉昏黑，我們又一次的錯失仔細品味神廟之美的機會。在黯淡的燈光下徘徊良久，才依依離去。

▲聖河巴格馬提河岸，有許多供火葬用的河壇。印度教徒相信，火葬後將骨灰灑入聖河，可以轉生天界。

毀滅與再生

在出發到尼泊爾之前，已經聽說我們可能有機會在一座神廟前看到露天火葬的實景。這座神廟名爲帕蘇帕提拿寺（Pashupatinath），位在加德滿都東方五公里，是尼泊爾境內至高無上的濕婆（Shiva）神廟，每年有無數的虔誠印度教徒從印度和尼泊爾各地，湧到此地朝聖。本廟始建於十三世紀，現存的包金三重屋頂、金碧輝煌的宏大濕婆神殿建築於 1696 年，非印度教徒不准進入內院，不過可以從河流對岸的山坡上，遙見寺院內的景觀。

▲巴格馬提河岸的濕婆神廟，非印度教徒不得入內。

流經寺廟前的聖河，名爲巴格馬提河（Bagmati），寺前有一座橋樑，從寺廟下望，左邊河岸上有一些供皇室火葬用的河壇（Ghat），右邊則是平民火葬用的河壇。印度教徒相信，火化是輪迴轉生必經的途徑，灑入聖河的骨灰，可以直通天界。

▲▼平民火葬用的河壇旁有11座
完全相同的小塔，塔內奉祀的
「靈甘」，是濕婆神的象徵。

我們來到正對濕婆神廟的河岸，遙望神廟前的景緻，這時，皇室的河壇上正在舉行葬禮，死者以鮮花覆體，由至親以聖河之水為其淨身。平民的河壇上似乎剛舉行過火葬，殘木和灰燼中還有縷縷白煙。在這裡並列著十一座完全相同的小塔，塔內奉祀「靈甘」(Lingum)，塔前有公牛坐像。在帕蘇帕提拿寺，男性生殖器官「靈甘」被視為濕婆神的象徵，而他的座騎公牛「難迪」(Nandi)，則代表豐收富饒。

從對邊的河岸山坡上，可以清楚的看到濕婆神廟及其附近建築的全貌，同時也可以看到進出神廟朝聖的來往信徒，河邊有沐浴淨身的人們，河壇上有正在舉行的葬禮，不時還可以看到遠來的苦行修道者，形形色色、熙熙攘攘，組合成一幅獨具民族特色的景象。

中午回到加德滿都的泰米爾(Thamel)街口午餐，餐後走訪了位居加德滿都街市中的博拿(Bodhnath)佛塔。這是尼泊爾境內最大的佛塔，像皇冠一般的矗立於參差雜沓的商店與住家之間，與加德滿都舊皇宮並立。博拿佛塔的外觀樸實無華，但是它氣勢磅礴的龐大規模和漆成紅、白、藍三色的佛眼，使它具有與眾不同的震憾力。佛塔的平面如曼陀羅(Madala，喇嘛教徒冥想圖)，在三層底座上建築覆缽形的塔基，覆缽上的方形塔身，四面皆繪佛眼，其上鍍金十三層方框上昇為方錐形(蘇瓦揚布拿佛塔為圓錐形)，錐尖又覆傘蓋，

象頭人身的神祇 -- 甘尼許

甘尼許是印度教中最受歡迎的一位神祇，尼泊爾的街頭巷尾，到處可以見到祂大大小小的神像以及祀奉祂的廟宇。人們相信甘尼許是濕婆與巴瓦娣生的兒子，祂的形像是象頭人身、白膚圓肚，牙斷了一邊，四隻手分別拿著海螺、權標、鐵餅(或刺棒)和蓮花。祂以地鼠代步，十分貪食，尤其喜歡吃水果。根據傳說，甘尼許出生時，是個正常人，可是在一次意外中，頭部斷裂，濕婆神便以象頭接在祂身上。甘尼許的職責在於決定人們的成功或失敗，通常被認為是祈求幸運及智慧之神，是尼泊爾人最愛戴的神祇。

其象徵意義與蘇瓦揚布拿佛塔相同。

　　底層塔座的外緣有一百零八尊阿彌陀佛浮雕。佛塔的四周，環繞一堵圓形磚牆，牆上有一百四十七座壁龕，龕中有四、五個祈禱輪，來此祭拜者環塔轉輪絡繹不絕。今日恰逢提哈節（Tihar，俗稱點燈節），這是佛教徒的一個重要節日，許多信徒在佛塔台基上忙碌的擦拭油燈和整理祭品，準備在入夜後將佛塔妝點成萬盞燈火的奇景。

　　我在佛塔外環的地攤上買了一尊象頭人身的甘尼許小石雕像，石像僅約十公分高，雕工樸拙，是我這次旅行中很有意義的紀念品。

　　我們的尼泊爾籍嚮導庫馬爾先生，好幾次跟我說，他有一個形貌肖似我太太的表姐，希望有機會讓她倆見見面。於是我們在前往加德滿都的杜而巴廣場途中，庫馬爾帶著我們夫妻到他表姐家小坐。他們這一家是印度人，應該是剎帝利（Chhetri）階級的人家，住家不大，但是乾淨舒爽。這位「表姐」確實與內子幾分神似，她的三個女兒，都是初長成的少女，個個標緻美麗。在短暫的拜訪中，彼此驚歎這個容貌神似的巧合，告辭以前，我們合影留念，以誌這一段緣份。來到尼泊爾的這幾天，大概都是在街頭和尼泊爾人打交道（殺價），而這次的拜訪，讓我們得到瞭解一個家庭的難得經驗。

　　離開「表姐」家，我們走到加德滿都的杜而巴廣場。首先入目的是五層基座、三層屋頂的納拉揚（Narayan）神廟，此廟建於1670年，為廣場中五十餘處廟宇和古蹟之一。神廟的基座和周緣的平台上擺滿了古董紀念品攤，整個廣場人群熙攘，攤販、行人、朝拜的信徒、外來的觀光客，人聲沸騰，交織成一片濃厚的市集景象。

　　廣場上的廟宇真是琳瑯滿目，即使拿著詳細的地圖，都沒有辦法

▲尼泊爾家庭中美麗的姊妹花。

一一分辨神廟的名稱。引起我注意的是一座二樓窗前雕著一對男女的建築，這就是濕婆‧巴瓦娣廟屋（Shiva-Parvati Temple house）。這對天神夫妻雕像從窗口俯視廣場，神情顯得溫和而慈悲。

穿過廣場中錯落的幾座廟宇，我們來到興建於十七世紀的加德滿都舊王宮（稱為哈努曼宮，Hanuman Dhoka）。在王宮廣場旁的入口處豎立著神猴哈努曼雕像。王宮入口處，有一尊黑色的卡拉拜伊拉普神像（Kala Bhairab），這尊以黑色石頭雕成的六臂神像，分別持著劍、三叉戟和三個人頭，傳說具慧眼可洞識惡人，因以此神守王宮之門。

走入王宮第一道門，便是廣闊的拿梭宮院（Nasal Chowk）。木造的舊殿，雕琢華麗，宮院北側有九層的巴山塔布塔（Basantapur Tower），從塔上瞭望，以喜馬拉雅山為背景的加德滿都景緻，盡收眼底。宮院南側的潘恰‧慕基‧哈努曼（Pancha mukhi Hanuman）圓塔是一座具有五層圓形屋頂的建築，是極為罕見的型態，在尼泊爾全境僅有二例。拿梭宮院東廂部分設立一座紀念特里布汶國王的博物館，供遊客參觀，館中展示尼泊爾歷史、古物、衣飾和皇家故物，頗有可觀。院落的各處門口都有持槍衛士，不過看起來都像是與舊建築相協調的點綴品，而不像是警衛。

▲濕婆‧巴瓦娣廟屋二樓窗前，雕著濕婆與巴瓦娣這對天神夫妻，好似俯瞰云云眾生。

▼▶ 杜而巴廣場邊，濕婆·巴瓦娣
廟屋前的石獅子造型華麗、宏
偉，表情卻憨直可愛，極吸引小
孩子親近。

古蹟·民俗·博物館 *50*

▲ ▶ 加德滿都舊王宮廣場的院落集
　建築、歷史、藝術等於一身，是
　一處令人神馳的大觀園。

▲加德滿都舊王宮院落中處處可見的持槍衛士，
其實更像與舊建築相協調的點綴。

不過，再進一層宮院就不許外人進入，據說其中有一尊雄偉壯觀的斯威塔·拜伊拉普（Sweta Bhairab）神像，單只頭部就有三·六公尺高，不難想見其懾人氣勢。在逢特定祭典時，此神像才開放供人瞻仰。

走出王宮，回到廣場上，我們沒有目標的遊蕩在神廟之間。一直到黃昏，才疲累的回到旅館。今晚就要離開加德滿都，無論如何眷戀，都得整理行裝，準備回家。

吃過晚飯，在離開加德滿都之前，我們又來到博拿佛塔，看眾多虔誠信徒點燈禮佛。夜色襯托著佛塔莊嚴的身影，數層台基上，點燃著萬盞燈火，塔身的佛眼在閃爍的燈火中，凝視四方，彷彿以無止境的智慧，垂憫世人。這幅動人的情景，爲我們留下告別尼泊爾之前的最後一個畫面。

豐碩的回憶

誠然，在尼泊爾這片土地上，難免也有窮困和疾苦，而我們看到的只是人間樂土的悠然景象；或許尼泊爾的人民曾經也有戰亂和流離失所，而我們看到的只是祥和社會的歡樂氣氛。雖然所見的只是片段，雖然一直覺得意猶未盡，但是能夠到這個喜馬拉雅山綿亘的國度走一趟，感受到自然與人文都十分豐碩的閒適之旅，實在是令人久久難以忘懷的體驗。而對一個博物館人來說，尼泊爾的雪峰、密林、古城，宛如一座融合自然與文化的活生生的博物館（living museum）。

▲告別加德滿都舊王宮，尼泊爾這趟融合自然與文化、活生生的博物館之旅，就要接近尾聲了。

第2章

藝術瑰寶‧千年遺跡

中爪哇的婆羅浮圖與普蘭巴南神廟

東方的藝術瑰寶

　　古代的東方，不僅是對西方人而言充滿了神祕的色彩；對我們而言，在經過歷史長流的變遷之後，也不得不驚訝於古代的藝術成就。中國的敦煌千佛洞、印度的阿姜塔（Ajanta）、高棉的安哥窟（Angkor Wat），以及印尼中爪哇的婆羅浮圖（Borobudur）尤為其中最令人讚歎者。

　　1992年11月，我以朝聖的心情，來到慕名已久的婆羅浮圖。在經過整修之後，現在所看到的已經是一座煥然一新的考古公園。古蹟新貌，神髓猶存，面對這座永恆的聖蹟，內心不禁興奮不已。拾級而上，直登十層塔頂，站在環形頂層台基的外環，遙看無際的地平線，一覽豐饒的大地，感受前所未有的寬闊胸懷。雖然沒能見到修復前的婆羅浮圖舊貌以及修護中的盛大景況，然而猶能想像其艱難而衷心感佩。留連在歷久彌堅的婆羅浮圖之上，腳踏著這個人類偉大的歷史遺產，感動的心情久久不能自已。

▲印尼中爪哇的婆羅浮圖，是一座身處群山綠野中的千年古蹟。

印尼史略

　　印尼是一個島嶼上萬的群島國家（13,667個大小島嶼），總面積約一百九十萬平方公里，其中的五個主要島嶼為：爪哇（Java）、蘇門答臘（Sumatra）、加里曼丹（Kalimantan，婆羅洲Borneo的大部份）、蘇拉威西（Sulawesi，舊稱西里伯Celebes）及伊蘭加雅（Iran Jaya，新幾內亞西部）。總人口約一億七千五百萬人，由三百多個不同的族群（ethnic group）組成。赤道貫穿印尼所屬的群島，因此全

境皆屬高溫高濕的熱帶氣候，從十一月到次年二月爲濕季，六月至九月爲乾季。

人類在爪哇島居住，最早可以追溯到一百萬年前，1891年在東爪哇的特里尼村（Trinil）所發現的古人類頭骨，一般稱爲「爪哇人」，科學家將之歸屬於與「北京人」相同演化階段的「直立人」（Homo Erectus）。

大約在西元前三千年至西元前五百年之間，屬於蒙古種支系（Mongoloid descent）的馬來人（Malays），從南中國及中南半島帶來石器、青銅器及鐵器文化，使用南島語言（Austronesian Languages）的諸民族，也陸續進入印尼諸島。大約到了西元前二百年左右，印尼與中國建立貿易關係，至西元一世紀開始與南印度接觸頻繁，並在六百年間持續受到印度文化的鉅大影響。印度傳來的印度教與佛教的影響力，一直持續到十四世紀，創造了印尼的印度教文明及兩個強勢的王國，其一爲第七世紀至第九世紀統治蘇門答臘的斯利威加雅（Sriwijaya）王朝，其二爲從西元十一世紀至十七世紀間統治東爪哇的馬加巴希（Majapahit）王朝。

回教的貿易商人大約在西元第七、八世紀來到印尼，帶來了他們的宗教信仰，不過一直到西元十六世紀，回教徒才在爪哇建立回教王國，而後迅速的傳布到鄰近諸島，成爲近代印尼人的主要信仰。

葡萄牙人在十六世紀首先來到印尼尋找香料，荷蘭人接著也來到此地，並於1605年在巴達維亞（Batavia，今之雅加達）成立「荷屬東印度公司」（Dutch East India Company），控制了香料的貿易，而將印尼視爲殖民地統治。歐洲的拿破崙戰爭（Napoleonic Wars）時期，在1811年至1816年間，荷蘭被法國佔領，此時印尼轉由英國

▲◀ 婆羅浮圖矗立於蒼翠豐饒的平原上,若拾級而上
十層塔頂,可以一覽周遭豐饒的大地,胸懷亦可隨之
寬闊。

▲▶爪哇精緻的傳統藝術，不僅表現在皮影
　戲的表演上，更可從衆多的建築雕刻中，
　感受爪哇文明發展之跡。

▼婆羅浮圖上的石雕，描繪了佛陀生平及其他的佛教故事。

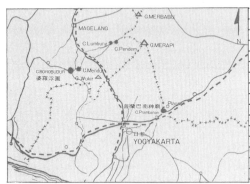

▲中爪哇日惹及婆羅浮圖地理位置圖

所統治，當時的總督湯瑪斯・萊佛士（Thomas Stamford Raffles）廢除了奴隸買賣，並實施部份自治的政策。不過，當荷蘭重新統治印尼後，又採專制獨裁政策，於是開啟印尼獨立運動的先聲。第二次世界大戰期間，印尼又遭日本佔領，一直到大戰結束的1945年，才在日本宣布投降的後三天，即8月17日宣布獨立。然而荷蘭不甘放棄印尼的殖民統治權，發動軍隊進佔印尼，印尼人奮起抗戰，經過四年的浴血苦戰，終於在1949年獲得國際承認為獨立國。

婆羅浮圖

　　中爪哇的日惹（Yogyakarta）是一個千年古城，保留許多精緻的傳統表演藝術，著名的皮影戲（Wayang Kulit）即其中之一。這一個地區是爪哇文明的發祥地，城市周緣也保存了許多從第八世紀到第十世紀所遺留下來的印度教和佛教廟宇，婆羅浮圖為其中最負盛名的世界性文化資產。

　　婆羅浮圖矗立於蒼翠豐饒的平原上，周圍有四座巍峨的火山環繞，建築本身是一座階梯狀的金字塔，內部是人工土丘，外部由安山岩和玄武岩兩種火山岩塊砌疊構築而成，長寬各一百二十三公尺，高三十二公尺，四層方形基座周緣環繞的雕刻描繪了佛陀生平及其他神聖的佛教故事，這些石雕更是古代世界的藝術瑰寶。

　　婆羅浮圖的原義已不可考，可能是「山丘上的群廟」之意。位在日惹西北約四十二公里處，建於西元778年至856年之間，據考証當時統治中爪哇的是賽蘭得拉王朝（Sailendra Dynasty），而此王朝諸王篤信大乘佛教，因此咸信婆羅浮圖即成於此王朝，至今已歷一千二

百年左右，號稱爲世界最大的佛教遺跡。婆羅浮圖大約在一百年間成爲中爪哇佛教徒的信仰中心，其後由於爪哇政治及文化中心移至東爪哇，婆羅浮圖與其他許多寺廟都遭到廢棄。而大約在同一個時期，可能是1006年，鄰近的梅拉比（Merapi）火山爆發，引起毀滅性的地震，噴發出的火山灰掩埋了婆羅浮圖的大部份，從此大約一千年間，此地就任由地震、豪雨肆虐，濃密的熱帶植物侵入石造物間，風雨歲月，寸侵尺蝕，傾頹在密林中的婆羅浮圖成爲一座被遺忘的廢墟。

▼婆羅浮圖鳥瞰圖

▼婆羅浮圖建築體外部由安山岩和玄武岩塊砌疊而成，牆上滿布著石雕，是古代藝術的瑰寶。

佛法的智慧

從歷史的觀點來看，婆羅浮圖與印度、史前印尼文化建築都有關聯。在印度有許多佛教的廟塔（stupas），廟塔有時是佛骨、舍利等所存之處，即舍利塔，也是舉行佛教儀式之寺院，通常則被視爲是佛教的神聖象徵，信

61 中爪哇的婆羅浮圖與普蘭巴南神廟

▼ ▶ 為了瞻仰千年以來佛陀的精神，於
是，把拾級而上的眼界，凝於雕刻中
的一瞬。

徒們視為神聖物而加以禮拜。事實上，婆羅浮圖就是一座佛塔，但是卻在印尼發展成特別的型式，而與其他佛教國家的佛塔有相當大的不同。

婆羅浮圖的結構基本上為十階建構的台階式金字塔（terraced pyramid），可以由下至上分為三個部份：底層是兩階台基部，中段是五層方形台，上段是三層環狀台，最頂端為主佛塔。

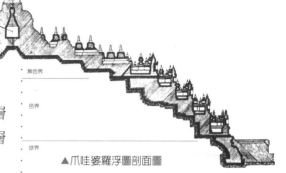
▲爪哇婆羅浮圖剖面圖

基座四周雕刻了一百六十幅石雕，描述佛法中因果輪迴的「欲界」，不過從婆羅浮圖一開始建造時，上層石塊的重量，就超過基座的負載量，所以在婆羅浮圖尚未完成前，基座外圍已加築一道極寬的石壇，來穩固結構。五層方形台四周所形成的迴廊總共有十一組、一千四百六十幅以上的石雕，描述佛陀生平及佛典中的景像和訓諭，代表佛法中的「色界」，這也是古代石雕的撼世鉅作。方形台之上，是沒有浮雕、樸實無華的三層環狀台，台上總共林立了七十二座（下層三十二座、中層二十四座、上層十六座）鏤空的小佛塔（其內各置一尊佛像）；中央最高點的鐘形佛塔，猶如婆羅浮圖的皇冠，主塔沒有鏤空，塔徑九點九公尺，高七公尺，塔中空無一物，但是原來是不是有佛像或其他東西存於塔中，已無可考。這三層圓形台基、七十二小塔及中央大塔，象徵佛法中的「無色界」。

▲婆羅浮圖台階式金字塔的建構方式，是在每層四周形成迴廊，迴廊邊牆面上亦滿布石雕。

「三界」是佛法中的宇宙象徵，婆羅浮圖可以由四面的階梯登頂，而沒有特定的入口；而且也沒有特別設計容納參拜者的空間，由基座選擇任意一側階梯而上，並逐層環繞迴廊，也就是信徒參拜的路線。雖然不能肯定建造者的心意，但是拾級而上，由「欲界」上「色

界」而至「無色界」的參拜體驗，無疑的表現了佛法中，走出三界、通往覺悟的象徵意境。

重建千年遺蹟

十八世紀初期，爪哇人才開始注意到婆羅浮圖遺跡，1814 年英國在爪哇的總督湯瑪斯・萊佛士得悉這個遺址，並識別出這座佛塔設計宏偉、雕工精細，才下令開始進行小規模的清理工作。荷蘭從英國取回爪哇的殖民權之後，仍持續進行遺跡清理的工作。

第一次大規模的整修從 1907 年至 1911 年間進行，由一名年輕的荷蘭少尉工程師希爾多・厄普（Th. van Erp）主持，修復並穩固了佛塔基壇、頂壇及頂上的小佛塔。敝天的密林雖已砍伐，但佛塔仍然經常遭受地震及熱帶豪雨的侵襲，遺跡的保存維護還是有朝不保夕的危機。

爲了挽救這座世界性的文化遺產，印尼政府在 1956 年向聯合國教科文組織（UNESCO）求援。該組織派出一名比利時專家來到婆羅浮圖進行初步勘察。他的勘察結論指出，對婆羅浮圖遺跡威脅最大的是雨水的侵蝕。長年的熱帶豪雨滲入佛塔內部，導致山丘的侵蝕，同時雨水也使基座弱化，並使浮雕表面發生破壞性的化學變化。1963年，整修前的調查工作由各相關的專家展開，並提出具體的方法，進行討論，一直到1968年才通過整修計畫。於是在聯合國教科文組織策劃主持之下，一項費時十年（1972至1982年），耗資二千萬美元的婆羅浮圖重建工程於焉展開。

這個舉世無匹的艱鉅工程，包括清理、穩固、重整所有基部至頂

部的石塊，是歷來最繁複、最富技術性的古蹟保存工程。剛開工的時候，佛塔的牆壁及石欄已龜裂傾斜、搖搖欲墜。印尼政府與聯合國教科文組織，召集世界各國的建築、工程、土壤科學及岩石維護方面的專家共同研議，把修復計畫分三個目標進行：第一、修築一個新的排水系統，塗上層層焦油及環氧化合物，以免雨水逐漸滲入建築核心；第二、在原有的石欄和石牆下加裝水泥板以增加建築強度；第三、取出原構築的八十多萬塊石頭（約五萬五千平方公尺），清理修復後，再重新構築佛塔。

重建工程是一個十分浩大而艱鉅的工程，使用起重機取出石塊，標上記號，進棚清理、修補、噴上除草劑、暫時儲存，最後再放回原位。婆羅浮圖當初建造時，每塊石頭的形狀都與相鄰的石塊相契合，因此，取出後重建時，每塊石頭都必須放回原位才行，這使得工程變得十分繁複。而且，為了防止重建時因重心不穩而導致傾毀，石頭的取出和放入要有一定的次序，才能確保重心的平衡。

為了解決這個繁瑣的難題，IBM電腦公司在1975年設計了一套程式以登記佛塔的每一塊石頭，首先將石頭編號，然後依號碼記錄其外觀（長、寬、重量及損壞程度）以及它的原在位置，將資料輸入電腦。連散落的石頭碎片也一併記錄，輸入電腦處理，以便於重組的工作。電腦記錄下每一塊石頭從取出到歸位的過程，並控制整個重建的進度。重建工程中動用了六百多位技術精純的工匠，其中許多人從附近的村莊徵募而來，他們傾注了熱誠和才華來做這一項高精密度的工作。他們的努力配合現代高科技的策劃，才使得遙遙無期的重建工程得以縮短在十年之間克盡全功。

婆羅浮圖經過以現代科技進行加固、排水及整修工程之後，印尼

▲整座婆羅浮圖，即使是階梯邊的扶手，亦竭盡雕刻的巧思。

▲◀ 特別高聳的濕婆、大梵天、毘濕奴三座主廟，加上周遭無數的大小廟塔，構成壯觀的普蘭巴南神廟群，這是與婆羅浮圖相媲美的偉大遺跡。

▲ ▶創建於八至十世紀間的普蘭巴南神廟，號稱全印尼最大的
印度教神廟，眾多的廟塔與非凡的石雕藝術，是歷經歲月洗禮
的生動寫照。

67 中爪哇的婆羅浮圖與普蘭巴南神廟

政府將附近的村莊遷走，整理周圍區域精心規劃爲一座面積廣大、環境優美的考古遺址公園（Archaeological Park），在公園中還建設了一座博物館解說當地的歷史以及婆羅浮圖重建的過程。在整建完成開放之後，每年有兩百萬以上來自世界各地的遊客絡繹於途，成爲國際性的旅遊勝地。

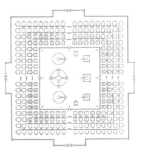

▲ 普蘭巴南神廟平面（復原）圖
▼ 普蘭巴南神廟群中央主要廟塔平面圖

普蘭巴南神廟

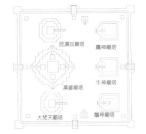

昆瀑奴廟塔　鷹神廟塔
瀑婆廟塔　牛神廟塔
大梵天廟塔　鵝神廟塔

老實說，在來到普蘭巴南神廟之前，並不知道這座神廟的樣貌，到了此地才發現，這是一座約略與婆羅浮圖同時而可相媲美的偉大遺跡。

普蘭巴南神廟（The Shiva Temple of Prambanan，另稱爲Lara Jonggrang Temple）位於日惹與梭羅（Solo）地界，歐帕河（Opak River）之濱的平野上，距離日惹東方約十七公里，是創建於第八至第十世紀間的印度教神廟群。此廟爲當時勢力遍及中爪哇中心的印度教馬塔蘭（Mataram）王朝所建，號稱印尼全境內最大的印度教神廟。其後由於中爪哇回教勢力的興起，印度教王朝中衰之後，普蘭巴南神廟歷經歲月摧折，遭洪水、地震、火山爆發等天災的侵奪，終至崩毀於荒煙蔓草之中，而逐漸被世人所遺忘。一直到1733年才由荷蘭人隆斯（C. A. Lons）重新發現，當時這座擁有二百

▼ 普蘭巴南神廟充滿印度教諸神祇的石雕。

多座大小廟塔的神廟群大部份已經圮毀，他拍下照片並且撰寫記錄向荷蘭殖民政府報告，才使這個偉大的遺跡重新公諸於世。

從1885年開始，有許多熱心的專家開始遺跡的整理工作，從丈量、研究、解體、組構，期望從數以百萬計的石塊中逐步恢復神廟的舊貌。這一個跨世紀的艱鉅工程，一點一滴的進行，1932年至1937年間的五年間研究擬訂了濕婆主廟的修復計畫，其間歷經第二次世界大戰和印尼獨立戰爭，工作斷斷續續，至1952年才終於修復完成。接著在1986年完成大梵天廟塔的修復，1991年完成毘濕奴廟塔的修復，於是普蘭巴南的三座主要廟塔以及內庭諸小廟塔終於先後完成，展現了今天的樣貌。

普蘭巴南神廟的整體是由三重方庭所構成，四面都有入口的門，外庭周邊三百九十公尺、中庭周邊二百二十二公尺、內庭周邊 一百一十公尺。三重方庭象徵人界（外庭）、神人之界（中庭）和神界（內庭），外庭沒有廟塔，中庭有排列成方形的四排共二百二十四座同式廟塔，由外向內依序是六十八廟塔、六十廟塔、五十二廟塔、四十四廟塔。內庭為主廟所在，有包含濕婆（Shiva）、大梵天（Brama）、毘濕奴（Vishnu）三座主廟的大小十六座廟塔，總計普蘭巴南的廟塔有二百四十座，如果全部復原完成，可以想像是何等壯觀。

神廟的核心，也是廟群中規模最大的濕婆廟塔，在諸廟塔中最為雄偉壯觀，廟塔高約四十七公尺，中央塔室有主神濕婆神像，另室中有象頭的甘尼許（濕婆之子）等三座神像。塔身的外圍環刻著四十一幅印度教神話（Ramayana）故事，雕琢十分精緻。濕婆神廟的兩側，分別為規模略小的大梵天和毘濕奴廟塔，此三座印度教三位大神的廟塔合為普蘭巴南廟群的主體。

▲巍峨的神廟，是經過丈量、研究、解體、組構，一點一滴修復完成的。

三大廟塔對面有三座小廟塔，濕婆廟塔對面是公牛難迪（Nandi）廟塔，塔室中祀一座公牛像。難迪是濕婆的座騎，經常與濕婆一起受信徒膜拜；難迪像兩側分別為月神（Chandra）和日神（Dewa Surya）雕像。大梵天廟塔對面是天鵝廟塔（Candi Angsa），祀大梵天神的座騎天鵝。毘濕奴廟塔對面是神鷹廟塔（Candi Garuda），祀毘濕奴的座騎老鷹。這六座廟塔的南北兩端各有一座中型廟塔，由於塔室中沒有發現神像，因此無法考證所祀何神。內庭中還有四座門塔（Kelir Temple）和四座角塔（Patok Temple），環衛主神廟塔。

　　普蘭巴南神廟及其周緣地區，近年來由印尼政府斥資大力整修，規劃為考古遺址公園。雖然目前尚未完全竣工，但是廟群核心的主要廟塔大部份已經恢復其雄偉挺立的英姿，巍峨神廟與石雕之藝術成就，令人擊節讚歎，吸引了不少慕名而來的遊人。

紅豆相思意

▲印尼一座頗具古典風味的博物館。

　　當我在電視螢光幕上看到印尼國家航空公司（Garuda Indonesia）和森巴迪航空公司（Air Sempati）的廣告影片時，畫面上出現了巴里島的動人景緻，和婆羅浮圖、普蘭巴南神廟的雄偉姿影，不時勾起我旅行中的回憶。在婆羅浮圖考古公園的入口廣場樹下，我和內人曾經撿了滿掬的紅豆，這些紅豆現在盛在一個印尼買回來的小陶罐裡，放在架上，時時提醒我對中爪哇這兩座偉大遺跡長久的懷念。

第 3 章

佛寺・王陵・天馬塚

千年古都慶州行

新羅時代與古都慶州

　　新羅於西元前57年建國，至西元935年王朝滅亡，前後經歷九百二十九年。慶州是新羅的千年古都，到處可以看到新羅時代的寺廟遺跡、石佛、石塔、山城、古墳等古蹟和遺物，展現新羅王朝燦爛的文化和藝術。1971年，韓國政府在慶州地區訂定「十年綜合觀光開發計畫」，積極的對慶州地區的古蹟進行保存維護的工作。

　　1992年五月韓國之遊，在慶州的一日之間，所至之地有佛國寺、大陵苑與天馬塚、瞻星台、國立慶州博物館等地，雖然因行程匆促，難以盡窺慶州勝蹟，然而仍可體會慶州的古都韻味。

佛國寺

山門（一柱門）→解脫橋→天王門→般若橋→大雄寶殿→多寶塔和釋迦塔→無說殿→觀音殿→毘盧殿→極樂殿→鐘閣

　　佛國寺的位置於吐含山西南麓，新羅王朝第三十五代景德王十年（西元751年）在宰相金大城之監工下開工建造，至第三十六代惠恭王十年（西元774年）完成全寺八十餘棟木造建築之大伽藍，並成為新羅王朝的護國寺院。朝鮮時代宣祖二十六年（1539年）的「壬辰倭禍」，倭兵入侵，寺院遭回祿之災，木造建築悉皆焚毀、寺中寶物流散。十七世紀時，修復

韓國的三國演義

　　西元前五至二世紀，朝鮮半島散佈著許多部落，國家尚未誕生。西元前一世紀，高句麗首建王朝，至四世紀初期稱霸朝鮮半島北部。同時在西南的百濟和東南的新羅王朝也分別建立王國，與北方的高句麗鼎足而三，成為韓國史上的三國時代，史家稱之為「三韓」。

　　到了七世紀中葉，新羅和唐朝聯合征服了百濟和高句麗，勢力控制了全朝鮮半島，稱為「統一新羅時代」。八世紀之後，由於王位的爭奪及地方豪族的叛亂，新羅陷入衰亂。百濟與高句麗趁機再度勃興，半島又呈現三分的局面，稱為「後三國時代」。最後由高句麗王國統一全韓，並於西元918年建立高麗王朝，維持四百七十餘年安定統一的局面，史稱「高麗時代」。

　　十四世紀末葉，高麗受到北方民族及倭寇的侵擾，加上內政腐敗，終於在1392年被李成桂所滅，他統一全韓，自立為王，改國名為「朝鮮」，開始了李氏朝鮮王朝的時代，通稱為李朝。自李朝建立至日本併吞韓國（1910年）的五百年間，建國都於漢陽（今之漢城），稱為「朝鮮時代」。

▲韓國慶州佛國寺的建築，皆維繫了佛寺的傳統
　特色，圖為紫霞門。

了大雄寶殿等部份建築，維繫佛寺之傳統。

　　1969年至1973年間，韓國政府為了繼承民族文化遺產、發揚佛寺
護國精神，乃著手調查研究工作，按舊日規制次第重建殿宇，始漸恢
復原貌。寺中仍存統一新羅時代之石塔和石橋，十分珍貴。大雄殿前
的多寶塔、三層塔，登紫霞門之青雲橋、白雲橋，登極樂殿之蓮花

▲▼佛國寺是韓國著名的文化遺產，除了十七世紀修復的大雄寶殿、無說殿、觀音殿，甚至仍存有八世紀新羅時代之石橋和石塔，全境殿宇毗連、環境清幽。

橋、七寶橋皆為新羅時代石刻工藝之精品，已指定為國寶。

山門稱一柱門，額匾書黑底金字「吐含山佛國寺」，登階直上，過解脫橋、天王門、般若橋，可至寺前。本寺中軸線上的主要建築為大雄殿、無說殿和觀音殿，此外還有毘盧殿、極樂殿、鐘閣等殿宇。毘盧殿供奉之毘盧遮那佛（大日如來）坐像和極樂殿供奉之金銅阿彌陀如來坐像，皆被指定為國寶，是新羅佛教藝術之重要文化遺產。

在佛國寺的大雄寶殿前庭，有兩座新羅時代本寺始建時的傑出石塔。東邊的多寶塔係多寶如來讚揚釋迦如來說法真理之象徵，塔高十點四公尺，基壇有方形石欄杆，八角塔身矗立其中，基壇之上有八角甲石、八角欄杆、童子柱、八角蓮花石、八角屋頂石、塔尖層層疊造，造形特異，殊為難見。全塔使用二百六十一塊比木雕更精緻的石柱、石片和石塊所砌成，直線和曲線的調合，整體呈現精巧和優雅的造形。西邊的釋迦塔又稱佛國寺三層石塔或無影塔，象徵釋迦如來常住須彌山頂說法之法相。塔高 八點二公尺，奠基於自然岩石之上，塔座為兩層基壇，基壇四周有八個雕刻之蓮花石，稱為八方金剛座。石塔造形簡潔，塔基和塔身都沒有裝飾雕紋，為新羅時代三層石塔之典型。1966 年整修三層塔時，發現始建時存放其中的木版經典陀羅尼經文、金銅質舍利弗與銀質舍利弗等珍貴的古代文物。

▲佛國寺大雄寶殿前庭東邊的多寶塔，造型精巧而優雅。西邊的釋迦塔（見前頁右）則為新羅時代三層石塔之典型。

◀佛國寺的石造多寶塔

佛國寺全境清幽廣大，殿宇毗連，展現法華經的婆娑世界、華嚴經的蓮花藏世界、無量壽經的極樂世界諸等佛國清淨之地。無論從歷史或藝術的觀點來看，佛國寺均可稱爲韓國新羅文化之瑰寶。

大陵苑

味鄒王陵、皇南大塚、天馬塚

▼ 大苑陵是韓國一個規劃完善的古墳群史蹟公園。

慶州是韓國的千年古城，處處都有古蹟，一直爲考古學家所注目的新羅時代古墳，散布於丘陵地帶者大都爲較早的「統一新羅時代」古墳，位於平原者大都爲較晚的「後三國時代」新羅古墳。慶州南方的古墳群一般通稱爲「皇南里古墳群」，1921年首先發現「金冠塚」，其後有1924年的「金鈴塚」發掘、1926年的「瑞鳳塚」發掘、1945年的「壺杆塚」發掘。「天馬塚」在1973年經縝密的計畫進行學術發掘，費時八個月，成爲韓國考古界的大事。

大陵苑佔地約十五公頃，韓國政府從1973年開始進行發掘研究及規劃整修，至1975年完成，是一個規劃完善的古墳群史蹟公園，其中密集二十多個大小不同的新羅時代古墳。大陵苑入口處爲味鄒

王陵，著名的天馬塚則位在公園的西北角。

　　苑中的古墳大部份爲圓形墳丘，這是新羅王朝的基本墳制，但也有夫婦合葬的瓢形雙墳。墳丘直徑小者不足十公尺、高不及一公尺，大者直徑可至一百二十公尺、高二十三公尺，這些古墳都是新羅君王與貴族的陵墓。

　　圓形古墳的內部構造有積石木槨墳、甕棺墓、豎穴式石槨墳等各種不同的形制。大陵苑中有味鄒王陵、皇南大塚及天馬塚經過發掘研究，出土金冠、金腰帶等衣飾品，以及武器、馬具等珍貴遺物。在發掘之後，味鄒王陵及皇南大塚的外形依原形在原地復原，而天馬塚經規劃設計成爲現地保存展示的形態，公開大眾參觀。

天馬塚

　　天馬塚大約建造於西元五、六世紀，墳丘高十二點七公尺、底部直徑四十七公尺，圓周一百五十公尺，爲新羅時代積石木槨墳。其構造是將裝著遺體的棺木放入木槨之中，覆以槨蓋，其上砌立磚石再覆以泥土封墳。

　　天馬塚的官方發掘開始於 1973 年 4 月 6 日，經過三萬五千人次的發掘，移開了三千二百立方公尺的堆積土石，終於在 6 月 4 日發現木槨。7 月 15 日之後陸續出土金飾、珠子、寶劍、陶器、金腰帶、銀腰帶、青銅靴等珍貴遺物。7 月 26 日，發現了金冠，與前此發現的十件新羅金冠相比，天馬塚的金冠更顯精緻。此冠高三十二公分、徑二十三公分，經指定爲國寶第 188 號，陳列於國立慶州博物館。8 月 23 日，出土了一件彩繪障泥（長七十五公分、寬五十二公分），障泥是

▲天馬塚爲新羅時代積石槨墳，因在發掘時發現一件極具特色、彩繪著白馬的擋泥護甲，因而命名。

騎馬時防泥水濺身之擋泥護甲，因爲這件障泥彩繪著飛躍的白馬，此爲本塚最具特色的發現，也因此將本塚命名爲「天馬塚」。

在發掘調查完畢之後，經規劃復原的天馬塚，觀眾可以經過甬道進入墳中參觀，墳塚中開出半個圓拱室，中央剖面以原來的礫石爲牆，復原了墳塚中心部棺槨出土時的情形，並利用內部半圓周牆面，設計展示櫃，將一百四十餘件重要遺物以複製品陳列展示，其中包括彩繪天馬的障泥。天馬塚總共出土了一萬一千五百餘件珍貴遺物，其原件分別保存陳列於國立慶州博物館及漢城的國立中央博物館。

神祕的墳丘對於考古學家而言充滿了可以解答歷史謎題的資料，一般人也忍不住有一窺其中究竟的衝動。天馬塚的發掘提供了考古家和歷史家不少歷史的答案，而發掘之後的復原展示，使觀眾得以置身墳丘之中，滿足窺探祕境的好奇心，並且體驗歷史的情境。像這樣將古蹟加以發掘研究，而後以其研究成果公諸大眾的作法，正是遺址博物館的基本理念，也是天馬塚眞正價值之所在。

國立慶州博物館

1910年，慶州市民爲了保存新羅文化而成立「慶州新羅會」，三年後會務擴大改稱「慶州古蹟保存會」，致力於收集新羅時代古物，並成立了展示館。1975年，韓國政府鑑於古都慶州在歷史文化上的重要性，於城南徵收二萬餘坪土地，興建面積二千五百坪之大型建築，定名爲國立慶州博物館。

國立慶州博物館典藏文物四萬餘件，經常展出的超過三千件。主要建築物爲本館和別館，本館展示室又分史前時期室、古新羅土器

▲位於漢城的韓國國立中央博物館，是韓國五千年來的藝術殿堂。

▲ ▶ 漢城的景福宮是李朝時代的王
宮，像中國北京的紫禁城一樣，已
成了歷史文化的表徵。

室、第一和第二古新羅工藝室、磚瓦室、統一新羅土器室、金石文及金屬工藝室、雕刻室等。按年代和種類，分別展出在慶州一帶發掘出土的各種歷史文物，如：史前時期的土器、石刀、石劍和青銅等工具和新羅時代之土器、鐵器、青銅器、陶器、磚瓦、金屬工藝品和佛像等。別館中展示天馬塚出土遺物（六世紀）、金冠塚出土遺物（五～六世紀）、雞林出土遺物（五～六世紀）、六世紀之白樺樹皮冠帽以及雁鴨池的出土遺物（六至九世紀）。

博物館前有廣闊的庭園，散置著古代的石塔和石雕佛像等文物。庭院西邊的一座方亭中，懸掛著一口重達二十五頓的聖德大王神鐘；此鐘為新羅第三十五代景德王為追念其父聖德王之豐功偉業，熔鐵十二萬斤鑄造，但景德王在世時未能達成此願，至其子惠恭王七年（西元 771 年）始鑄成。鐘高三點七五公尺、口徑二點二七公尺，鐘口為八稜形，鐘頭有龍頭與音管，四方有四處乳廊和兩個鐘座，鐘身左右書有陽鑄銘文，前後鑄有供養天人像（飛天），為世界最大和鐘聲最美的銅鐘之一。

據民間傳說，此鐘鑄造過程中，曾將一名孩童投入火中助成，鐘成之後，鳴響時有「愛米來」（韓語為媽媽之意）之聲，因此又稱為「愛米來鐘」或「媽媽鐘」。此鐘原置奉德寺，幾經遷移，於本館落成時移置於此。

古蹟與觀光

韓國於 1962 年訂定「文化財保護法」，是以「保存文化財、運用這些文化財以圖謀國民文化之提升，同時期望人類文化之發展為目

的」。在該法中，將貝塚、古墳、城址、宮址、窯址、遺物埋藏層等遺址及史蹟歸之於「紀念物」項下，擇其在歷史、學術上具有較高價值者依法指定。

　　慶州地區的文化藝術一直是韓國引以為傲的珍貴文化遺產，全區經國家指定為文化財而加以維護保存的有國寶二十七件寶物五十六件、史蹟六十七處、名勝二處、重要民俗資料十五處。

　　1971年，韓國政府大刀闊斧的執行「十年綜合觀光開發計畫」，禁絕慶州地區的工業，遷移雜陳於古墳集中區左近的一百八十棟近代民宅，全面進行古蹟的調查發掘及研究，並斥資整建大陵苑，使慶州地區成為古蹟之都。1979年，聯合國科教文組織將慶州古蹟群選為世界十大遺跡之一。1983年，韓國政府為配合即將在漢城舉行世界奧林匹克運動會，又開始執行「綜合觀光開發五年計畫」，使慶州地區更煥然一新，不僅達成保存維護文化資產的使命，同時也成為全世界觀光客遊韓的必至之地。

▲國立民俗博物館，是保存與展示古今民俗生活的重要觀光景點。

第4章

災害中的流竄

東京上野公園

東京印象

　　東京是一個十分現代化的都市，然而在繁榮、西化的表象底下，其實潛藏了極深的傳統文化。在日本最容易感受到的，如：西裝革履的上班族和百貨飲食店的服務員所表現的敬業精神，在佛寺神社所見的虔誠參拜祈願的信徒，櫻花樹下踞坐暢飲的放浪人群……處處都表現了日本民族內心固執於傳統文化的思維和行為方式，而並非如表面上看起來那樣的西化。

　　在宗教信仰方面，日本人也呈現了本土和外來文化揉雜而統一的形貌，他們認為，在傳統神道教的神社舉行婚禮，將死者以佛教儀式安葬在佛寺墓園，並且在基督聖誕節的時候參加狂歡舞會，這些是十分自然而彼此完全不矛盾的事。

　　基於工作上的緣故，前後有三次機會到日本，都曾經在東京駐足，1993 年 3 月之行，在東京生活了四個星期，累積了我對東京的主要印象。

　　第一次到東京，住在新橋，此地號稱日本鐵路發祥地，日本的第一輛蒸汽火車，於 1872 年開始行駛於新橋與橫濱之間。因為銀座與新橋相鄰，所以每日晨昏都有機會在銀座中央大道上來去。銀座是日本第一條模仿倫敦麗晶大道的西式散步道，同時也是聞名遐邇的高級商業區。聳立於銀座中央大道的高樓建築，有松阪屋、三愛、三越、和光、松屋等大型百貨公司，還有新力電氣大樓和許多在新大樓持續經營的老字號商鋪，建築精緻，並具風格和特色，加上百貨公司

▲看看東京火車站，是否發現了日據時代若干台灣火車站的影子？

和商店別出心裁的櫥窗廣告，使銀座成為建築與商店設計的競賽場。

第二次到東京，住在池袋，先是投宿在車站東口附近的陽光城（Sunshine City）王子大飯店，住了幾天之後，覺得消費太高，實在吃不消，才改換到車站西口附近的民宿池袋屋。

陽光城是一座高六十層的大樓，號稱日本第一高樓，其中有辦公室、百貨公司、影劇院等，可謂包羅萬象，我也在其中參觀了古代東方博物館。池袋西口是龍蛇混雜之地，車站左近是風化區，住著許多台灣客。每天我都在池袋站搭乘電車到上野站，體驗了大約一個月通車上班族的滋味。東京都會及其外圍的電車、地下鐵所形成的龐大公眾交通網，十分便捷順暢，令經常受困於交通的台北人覺得十分欽羨。

第三次到東京，住在淺草，從旅館步行到淺草車站，一定會經過淺草觀音寺。從江戶時代開始，淺草區就是以淺草的觀音寺為中心發展起來的。此區臨近吉原風化區，因此一直都是江戶城中繁華的商業區，雖經時代變遷與戰爭洗禮，仍然保存了一些江戶時代的魅力，並以其古典風貌和香火鼎盛的觀音寺吸引許多國內外遊客。

淺草寺是東京都內最古老的寺廟，其起源可追溯到西元第七世紀，現存主要建築大抵都是戰後重建，著名的有雷門（風雷神門）、寶藏門、五重塔、傳法院、淺草寺本堂、淺草神社等。從雷門到寶藏

從江戶到東京

東京舊名江戶，此名源自江戶重長，他是十二世紀初受封此地的領主，其後太田道灌於1457年在皇居現址設計建置江戶城。到了1590年，戰國群雄中的德川家康入主江戶城，重新規劃建設，並以此為中心，建立幕府政權，開創了掌控天下三百多年的江戶時代（1603至1867年）。

江戶城垣的四周地區，經過長期發展，逐漸形成了現代東京的都市雛形。1868年，江戶幕府迫於國內群起的擁護天皇意識與國外的輿論壓力，還政於明治天皇。天皇從京都遷居江戶，並更名為東京，此後東京成為名符其實的日本首都。明治時代勵精圖治，大量接受西方的科技文明，展開富國強兵的明治維新，肇建了現代化日本的基礎。

1923年的關東大地震，東京遭到強震及祝融之災，在災後重建的計畫中，同時進行都市改革，擴大都市面積，設置新的道路和公園，使東京躍居為當時的世界第五大城。第二次世界大戰末期，東京受到盟軍不斷的空襲，幾乎夷為平地。戰後的復原計畫，以驚人的速度進展，如今已經成為世界上最繁華的都市之一。

門之間的仲見世商店街，長約三百公尺，專賣具有傳統風味的民俗藝品和食品，為觀光客雲集之地。假日的時候，外國來的觀光客加上日本各地前來參拜的信徒絡繹於道，經常擠得水泄不通。

　　在東京的日子，除了在東京國立文化財研究所進行博物館專題研習，以及正式拜訪東京及其近郊的相關博物館之外，幾乎沒有什麼時間到觀光點遊覽。即使碰到假日，還是以逛博物館（非正式拜訪）和書店為主要活動；神田神保町的書店區，是除了上野公園之外，我在東京最常流連的地方；而真正解除任務，以輕鬆心情遊覽的地方，就只有日本人心目中的聖地—東京皇居外北丸公園，和號稱世界最高的東京鐵塔。

　　值得一記的是，1993 年春天訪日的期間，在離開日本前幾天的 3 月 28 日，參觀了當日新開幕的江戶東京博物館。這個博物館位在東京市墨田區日本鐵道兩國車站前，建築外觀雄偉，設計新穎，是一座空間機能設計相當傑出的博物館。本館整體建築為地上七層、地下一層，總分為上層部、中間部和下層部，全館的室內樓地板面積約四萬七千平方公尺。中間部（三樓）主要是一個平面的大廣場，其中央部份由四根大柱頂著上層部，與戶外相連成可以提供大型活動的空間。一方面解決了博物館周緣缺乏綠地的困擾，另一方面，實際提供了博物館舉行民俗祭典等活動空間的需求。

　　博物館的展示場設在五、六層，中間挑空，成為一個極大型的完整展示空間。展示場表現了屋中有屋的構想，入口處可以鳥瞰全場展示的壯觀景像，展示場中復原了日本橋（部份）、歌舞伎座、朝野新聞社等建築，鮮明的點出東京歷史的意象。廣闊的展示通道，使觀眾體驗在街道上適意遊蕩的感覺。全館的開放空間有一半為免費區，不

▲每當春天來臨，白色的櫻花就開滿了整個上野公園。

僅面積大，而且提供多變化的服務設施，有很好的推廣教育效果。從整體上看，形成博物館與百貨公司結合的印象。我把江戶東京博物館開館日的入場券細心的收藏起來，當做是一件珍貴的紀念品。

上野恩賜公園

上野公園是明治六年成立的日本第一座大眾公園，象徵當時日本文化、精神、道德以及文明開化的先鋒。上野山是一座小山丘，1625 年，天海僧正在此創建寬永寺，並特別從吉野山移植許多它喜愛的櫻樹來此。從江戶時代以來，上野山就是有名的賞櫻勝地。目前公園中種植了大約一千三百株櫻花，每年春天的賞櫻季節，人潮洶湧，曾經創下一日百萬人的記錄。

公園的另一個特色是擁有許多文化設施，包括博物館、美術館、動物園，還有東照宮、五重塔、清水堂等傳統寺社建築，以及彰義隊之墓、野口英世像、小松宮像、西鄉隆盛銅像等紀念物。整個公園花木扶疏，西南側有面積廣大的不忍池，冬天有許多來此過冬的水鳥和水鴨群，夏天的水面則布滿燦爛奪目的蓮花。

▲上野山上有許多從吉野山移植來的櫻樹，使得上野山成了賞櫻勝地。

▼停駐枝頭的鳥兒，是上野公園的常客。

▲重建於1651年的上野東照宮，主要供奉江戶幕府的創始者德川家康。

▶▶東京國立博物館是上野公園內最龐大的建築群，堪稱日本首屈一指的歷史美術博物館。

三次到東京都曾經到上野公園，其中兩次行程都很匆促。1993年春天，專程到東京國立文化財研究所（簡稱東文研）進行一個月的專題研習。東文研位於上野公園的西北角，與東京國立博物館相鄰。上班的日子裡，我每天由池袋搭地下鐵到上野站，從公園的東南角徒步穿越公園到東文研。早晨、黃昏或午間出來用餐的時候，常常趁來回之際，在公園中到處流連。可以說對於整個東京的認識，我最熟悉的就是上野公園。

上野公園是法定的動物保護區，其特色是滿園鴿子、烏鴉和不忍池的多種水鴨子。公園中的鴿子一向是民眾的最愛，尤其是小孩子，都以餵食鴿子爲樂。然而上野公園的特色，並不是國外公園常見的鴿子，而是滿天飛舞的烏鴉，和聒譟不絕的烏鴉叫聲。

公園中設置的上野動物園，創建於明治十五年（1880年），爲日本最早的動物園，至1990年二月爲止，計有動物426種、2021隻，包含世界各地的動物，其中最受歡迎的是來自中國大陸的貓熊，吸引了許多遊客。我因爲曾經在美國華盛頓的國家動物園中，進入飼養欄，眞切的觀賞過貓熊，所以雖有許多次機會經過上野動物園的門口，卻始終提不起進入參觀的興趣。

公園西南的不忍池，是一片相當大的水域，中央有一個小島名弁天島，建了一座弁天不忍寺，此寺原建於十六世紀，於1958年重建，寺中祀奉弁財天女神。手持四弦琵琶的弁財天女神原爲河神而受民眾崇拜，後來演變爲掌理智慧、知識與藝術的女神，最後成爲公認的財神。

上野的東照宮供奉江戶幕府的創始者德川家康，此宮建於1627年，現存之建築爲三代將軍德川家光於1651年重建。東照宮的主要建

築是金色殿，妝飾華麗而莊嚴，殿前的唐門兩側雕飾翻騰向天的祥龍，據傳說，這一對祥龍在夜裡會到不忍池喝水。

　　基於工作上的任務和個人的喜好，當然不會錯過上野公園裡的博物館。因為時常在公園來去，所以公園中的好幾個博物館都有機會數度進出參觀。我把對公園中的東京國立博物館、國立科學博物館、國立西洋美術館、東京都美術館、以及下町風俗資料館的情形，略說於次。

東京國立博物館
建築群：本館、表慶館、法隆寺寶物館、東洋館
歷史性建築：池田家黑門、奈良十輪寺校倉、黑田家
　　　　　棟飾大瓦、銅製五重塔
石造遺物：古墳時代石棺、朝鮮的石羊及石人

　　這是日本最先引進西方觀念所設立的一座博物館，建館至今已有百年以上的歷史。收藏品之中，擁有八十五件「國寶」、五百三十五件「重要文化財」等象徵日本文化與藝術菁華的珍藏，還有亞洲各地區的美術工藝品，總數達八萬多件，堪稱日本首屈一指的歷史美術博物館。

　　明治維新時期，在師法西方的觀念之下，日本政府於明治四年在文部省設博物局，翌年

89 東京上野公園

成立了文部省博物館，以東京神田的湯島聖堂大成殿爲會場，舉辦博覽會，這就是日本近代博物館的濫觴，也是東京國立博物館創建的先聲。明治十一年，於上野公園舊寬永寺本坊遺址上，由英國技師康德爾設計，著手興建紅磚的博物館。明治二十二年改稱帝國博物館，並從此一改當初的振興工業目的，轉變爲保存與收集日本傳統古藝術品爲主要職責。明治三十三年，爲慶祝皇太子（後來的大正天皇）大婚，由民間捐獻增建一座「表慶館」，由名建築師片山東熊設計，歷七年之營建，於明治四十一年完工開館。此建築相當具有特色，爲明治時代西洋風格建築的代表作品。

博物館本館部份毀於大正十二年的關東大地震，復建工作由「財團法人帝室博物館復興翼替會」負責，渡邊仁擔任設計，於昭和十三年秋天正式落成開館。館內的收藏主題爲歷史、美術、工藝和自然產物四個部門，其中自然產物部門於大正十四年移交由文部省的東京博物館（現在的國立科學博物館）保管，至此終於成爲一座名符其實的歷史

◀◀ 櫻花盛開的上野恩賜公園，是法定的動物保護區，水鴨子悠游於公園西南的不忍池，鴿子更是無懼的與民眾和平共處。

◀▲ 裝飾華麗而莊嚴的金色殿，是上野東照宮的主要建築，猶存著江戶幕府時代的風味，與對德川家康的無限懷思。

美術博物館；昭和二十七年，改稱東京國立博物館。昭和三十九年，法隆寺寶物館開館；昭和四十三年，東洋館開館，於是諸館並立，全館規模底定。

現在的東京國立博物館是上野公園內最龐大的建築群，由本館、表慶館、法隆寺寶物館和東洋館組成。室外展示部分，有遷建於館區內的池田家黑門、奈良十輪寺校倉、黑田家棟飾大瓦、銅製五重塔等歷史性建築，以及古墳時代石棺，朝鮮的石羊、石人，還有其他各種石造遺物等。

本館為日本歷史美術工藝的展覽場所，藏品約有四萬二千件。一樓分成雕刻、染織、金屬工藝、武裝刀劍、陶瓷、建築等展示室。

雕刻室中大半是佛像雕刻，以及伎樂面具、舞樂面具、行道面具、能面具和狂言面具等文物。佛像方面，除重要文化財的日光菩薩跏像（奈良時代）為本館收藏品外，還展示興福寺收藏的國寶八部眾像（奈良時代）以及十大弟子像（奈良時代）等由寺院寄存的展品，充分展現了源遠流長的佛像雕刻史。染織室的展品包括公卿與武士服飾、演藝服裝，以及梳子、笄、簪等裝飾用具，都非常細緻優雅。金屬工藝部份有宗教類和生活類，刀劍、甲冑、刀飾都有一流作品。陶瓷室中，可以觀賞從奈良至江戶時代日本的各類名窯陶瓷，並可以有系統地瞭解到日本的陶瓷製作源流。建築方面，是將主要寺廟、神社、民房和城廓等建築，以精確的縮尺模型展示出來，藉以瞭解日本傳統的建築結構。

本館二樓是以古代和中世的佛教藝術為主，展品包括：充滿神祕感的兩界（胎藏界、金剛界）曼陀羅等密宗美術作品，追求夢幻般優美境界的藤原佛畫（國寶普賢菩薩像，平安時代），阿彌陀來迎圖等

▲建館已有百年以上歷史的東京國立博物館，是日本最先引進西方觀念所設立的一座博物館。

淨土宗美術畫作，大和畫系的「社寺緣起」、「高僧傳」、「物語繪卷」、「戰記繪卷」（國寶平治物語繪卷，鎌倉時代名畫），室町時代僧禪以中國繪畫系統傳承而居於當時主流的水墨山水（國寶「雪舟畫潑墨山水圖」，室町時代），以及詩畫軸和土佐派等各流派的名作。近世部份則可以看到屏風畫（國寶狩野永德畫檜圖屏風，桃山時代）的雄偉作品，以及諸流派的風俗畫、文人畫和浮世繪等。漆器方面有佛具、武裝和生活器具等，充滿了日本特殊風格的美感。

東洋館收藏中國、韓國、東南亞、西域、印度、西亞、埃及等地的考古遺物和藝術作品約二萬九千件。展品包括中國商周時代的青銅器、金銅佛、石佛、墓室雕刻，東南亞的建築遺物和雕刻，埃及的石像和木乃伊，伊拉克的古彩陶，南亞的各類工藝品等。其中以中國文物最多也最爲珍貴，在此目睹許多中國歷史上無價之寶的文物流落異國，內心不禁黯然。

表慶館藏品約二萬九千件，展示日本史前到歷史時代的考古文物。總分爲先史時代（彌生時代以前）、原史時代（四至七世紀的古墳時代）、歷史時代（奈良時代以後）三部份，並設蝦夷民俗資料室。展品有石器、繩文陶器、彌生陶器、青銅鐸、漢式鏡和各類明器等，其中也有不少國寶級物品；此外，還收藏及展示日本歷史時代的瓦當、陪葬品和經塚出土物等珍貴的考古文物。

法隆寺寶物館是專門爲了收藏法隆寺獻納的珍貴文物而建。明治十一年，法隆寺將該寺相傳的部份寶物三百一十九件奉獻給天皇，而於昭和二十二年移交東京國立博物館保存，昭和三十九年完成法隆寺寶物館，以做爲收藏及展示的場所。寶物館爲耐震、耐火的鋼筋水泥建築，全天候空調，保持室溫攝氏二十度、相對濕度百分之六十的恆

定溫濕狀態。為了文物的保存維護，寶物館僅在每星期四開放參觀，遇雨天休館。館中最引人注目的展品有稱為「四十八體佛」的小金銅佛像，另有伎樂面、繪畫、書法、佛具、樂器、文具，以及日本最古老的染織品等。在所有的三百餘件寶物當中，十四件經指定為國寶，二百三十九件為重要文化財，實在是一座不折不扣的寶物館。

國立科學博物館

上野公園的本館：本館、自然史館、科學技術館、探險
館、航空宇宙館
新宿的分館
東京港區的附屬自然教育園
筑波的實驗植物園

　　本館與東京國立博物館同樣以明治五年的文部省博物館為濫觴，於明治八年定名為東京博物館。明治十年，為了配合日本的「殖產興業政策」而在上野公園建築館舍，以教育博物館的性質重新起步。大正十年，再改稱東京博物館，首先奠定了日本自然科學博物館的理念。接著於昭和六年，在上野公園的現址上建設新館，以東京科學博物館之名開幕；第二次世界大戰以後，隨著社會教育活動的日益熱絡，而於昭和二十四年改為現在的名稱，成為以自然史及理工、科學技術為中心，日本數一數二的科學博物館。

　　國立科學博物館除上野公園的本館之外，還包括新宿的分館、東京港區的附屬自然教育園以及筑波的實驗植物園。全館組織龐大，是

▼東京國立博物館建築群中的表慶館，是為慶祝大正天皇大婚，由民間捐獻增建的。

全日本自然科學的研究重鎮，共分為動物（動物、昆蟲）、植物、地學（地學、古生物）、人類學、理化學、工學等學科，從事相關資料之收集、保管、展示、調查、研究活動，以及教育推廣普及事業等。

上野的本館、自然史館、科學技術館、探險館、航空宇宙館等五個多層建築體，以走廊連絡而成為日本最大的綜合科學館。展出內容細分有近三十個大主題，展品包括各種動植物標本，乃至於地球隕石、人造衛星、火箭發射台，蒸汽車頭，七千萬年前的恐龍全身骨骼化石等，琳瑯滿目，多不勝數。

上野的美術館

東京都美術館
西洋美術館
之森美術館
東京藝術大學藝術資料館

東京都美術館於大正十五年（1926年）開館，為上野公園中的第一座美術館。1957年改建新館，規模更形完備。收藏的美術品超過三千件，一般展示不收費，特別的企劃展才需要買票。館內有許多服務設施，為來館觀眾提供了十分舒適廣闊的空間。

國立西洋美術館的收藏、研究和展示主題為西方美術，其基本展品為松方幸次郎收藏的西洋美術品。從1969年開館以來，並陸續購入若干珍貴的西洋中世紀油畫，相當精彩而令人流連。館的前埕有羅丹的名作「沉思者」和「地獄門」等雕塑。

上野之森美術館於1972年開館，以臨時企劃展為主，開館展的主題為「桃山、江戶、明治三百年美術展」，其後陸續舉辦「巨匠畫家

▲表慶館是明治時代西洋風格建築的代表作品，館內展示的是日本史前到歷史時代的考古文物。

▼上野東京都美術館是上野公園中的第一座美術館。

▲國立西洋美術館的基本展品，為松方幸次郎收藏的西洋美術品。

雕刻展」、「畢卡索陶工藝展」、「上野之森美術館大獎展」、「日本的自然素描展」、「現代女流美術展」等各類美術展。

除了以上幾座長年開放的美術館之外，上野公園內中還有東京藝術大學藝術資料館、日本藝術院、黑田紀念室等非經常性開放的美術機購。東京國立文化財研究所管理的黑田紀念室，是稱為日本近代西畫之父黑田清輝的紀念室。1930年，根據黑田的遺囑，將遺產和他的一百七十件油畫、一百二十五件素描畫、寫生簿等美術資料，全數捐贈出來，成立了美術研究所，此即東文研的前身；而黑田紀念室即紀念黑田貢獻於美術事業而建造，展出黑田的代表畫作；紀念室僅在星期四下午開放，供民眾免費參觀。

下町風俗資料館

江戶時代的東京可以略分為兩個區域：山手（山の手）和下町。山手區域地形較高，是環圍江戶城的公卿、武士的居地，亦即是上流社會的居住區，崇尚藝術，同時接受西化較深。下町區域位在山手外圍至隅田川之間，地形較為低窪，是商人、工匠以及販夫走卒聚居之地，也是民俗文化薈萃之地，保留了若干江戶時代遺存的庶民文化面貌。

上野公園所在的台東區是江戶時代下町的一部份，在現代化的衝擊下，傳統的庶民文化日趨式微，古老的器用民具也逐漸散佚。為了記錄匆匆流逝的無情歲月，並保存瀕臨消失的下町舊街風俗和文物，於1980年成立了下町風俗資料館。

資料館中收藏保存和展示的文物資料，呈現了自江戶時代一直到第二世界大戰結束（1945年）之際的三、四百年間，下町庶民的歷史和社會生活。本館藏品都是由原本住在下町的居民所捐贈。館中一樓特意復原了明治、大正年間下町的長屋和商家，有雜貨店、餅果店、銅壺店等，雜貨鋪裡充滿了各式各樣的玩具和糖果，木造的矮住家和狹窄的巷道，讓人很容易體會二十世紀初期的下町風貌。二樓展出的民俗文物包羅萬象，陳列了從明治時代迄今的各類歲時祭儀、演劇文物，及工匠工具、生活器用、服飾等。其中的兒童玩具展示，感受最親切，大概也最容易勾起下町居民對於舊日時光的美好回憶。

很有趣的是，在資料館前有一個明治時代的郵筒，上面貼著一張小佈告，上面寫著：「本郵筒為資料館之展示品，民眾請勿投入郵件」。

浪漫的城市公園

有一次逢星期日到上野公園，一如平常的，在公園噴泉及廣場的人潮不斷，當然也有許多人在餵鴿子。櫻花大道兩旁的櫻樹，或花蕾初吐，或含苞待放。大道上有許多來自各地的賣藝人，而以洋人為多，唱歌、彈曲、雜耍、吞火、演傀儡，各顯神通。也有一些中國人（大陸來的留學生？）在賣水餃、小國畫、漢藥、文房四寶等，還有畫速寫人像的街頭畫家。溫煦的春陽，盈耳的歡笑和歌聲，妝點出一幅熱鬧的尋春景象。

春天的上野公園，最重要的節目是飲酒賞櫻的「櫻祭」。日本人

▲上野公園不僅是自然與文化淨土，也是現代城市煩囂中的一股浪漫清流。

自古熱愛在春天裡一邊飲酒一邊觀賞櫻花，稱為「花見」。從三月下旬開始，日本的櫻花由南向北逐次綻開，城裡郊外的櫻花園，賞櫻的人潮到處可見。上野公園的主要步道兩旁種植了上千株吉野櫻，形成櫻花拱道，每年到了櫻花怒放的春天，有成千上萬的本地和外地民眾來此賞花。他們在櫻花樹下鋪上蓆墊，飲酒賞花，興緻高的人，還忘情的唱歌跳舞。「花見」時節，日本人一改拘謹守禮的傳統形象，在繽紛的花下，或坐或臥，開懷暢飲，歌舞助興，表現了日本民族內在的豪放天性。令人難以理解的是，對於平素以守禮整潔自豪的日本人而言，賞櫻時的喧鬧狂歡和賞櫻後的滿地狼藉，不知作何解釋？

東京都會中有許多公園，例如尊貴的皇居外圍開放給民眾的北丸公園、情人約會勝地的日比谷公園、曾為 1964 東京奧運選手村的代代木公園、搖滾樂天堂的原宿公園，然而與東京人感情相繫也最吸引外地遊人的還是上野公園。滿園的櫻花，滿天飛翔的白鴿和烏鴉，不忍池的各色水鳥，動物園和眾多的美術館、博物館，組構成東京鬧市中的一片自然與文化淨土，也是煩囂的現代城市中，可以賞心悅目而充滿優雅氣息的浪漫公園。

▲城市公園的浪漫氣息，因櫻花而增色不少。

第5章

日本的古都風情

京都・奈良印象

春遊京都

　　第一次到日本的時候，遊歷了東京、名古屋、大阪、福岡等大都市，也因為拜訪博物館的緣故，而走過小城鎮和鄉野之地。旅程之中，在東京往大阪的新幹線電車上，有機會看到京都一帶的初春殘景，可惜卻沒有機會踏上京都，一親這個古都的風采，心中一直覺得很遺憾。1993年三月，第二次到日本，特別安排了京都的行程，雖然在京都只停留了一天半的時間，總算也領略了日本的古都風情。

　　從東京池袋的旅店出門，搭日本鐵道（JR）山手線電車到東京站，轉東海道山陽線新幹線，搭上「光號」（ひかり）子彈列車往京都出發。這一天的天色陰沉，因此在車上沒見到富士山的景色。

　　同行的是我的同事葉美珍小姐和國立自然科學博物館的屈慧麗小姐，車行半途，查票員來查票，告訴我們說我們沒有買票的時候，我們三個人拿著幾天前買的「車票」，茫然不知所對。經過一番說明，才知道我們只買了「特急券指定席」，沒有買「車票」。原來，在日本的鐵道電車有基本車票（切符），可以搭普通車，如果搭特快車還要加買「特急券」，換句話說，坐特快車要有「切符」和「特急券」兩張票才行，我們一時糊塗，只買了「特急券」，沒有買「切符」，瞭

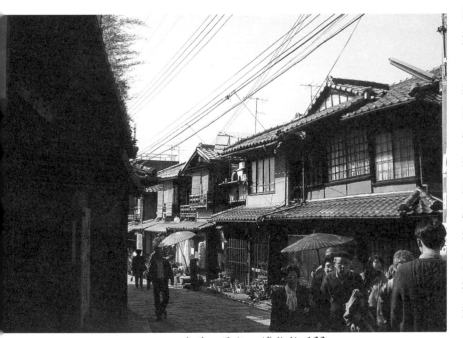

▼京都是日本自八世紀以降千年的首都，有遍地的名勝古蹟、寺院神社、傳統工藝品等。

解之後，當然照章補票了事。這是京都之行的一個小插曲。

京都御苑‧二條城‧四條河原町

京都 →京都御苑 →二條城 →四條河原町
　　├公園
　　├小稻荷神社
　　└御所

　　車行兩小時三十六分鐘，準時在十二點三十六分抵達京都站。吃過午飯，辦妥旅店的住宿手續，已經午後三點了。我們三人分手，我自己依原定計畫，準備趁天黑之前走一遭京都御苑和二條城。

　　京都自八世紀以降，為日本平安時代千年之首都（西元794年至1868年），現在人口約一百五十萬人，為日本第五大城市。這裡有遍地的名勝古蹟和歷史悠久的寺院神社，傳統的瓷器、漆器、絲織品和刺繡等工藝品，均為日本之冠。

　　京都是桓武天皇所營建的平安京，城市街道仿唐代長安城的形制，為棋盤式井然有序的街道。橫向的道路，由北至南稱一條、二條、三條……九條，縱向的道路，稱掘川、西洞院、烏丸、東洞院等，現在的千本通，就是平安京時代的中央朱雀大路。一千六百多座的寺院和大約四百座的神社，錯落在街道之間或建在環繞京都周緣的山麓和山腰，成為京都的主要特色。市街中有鴨川、高瀨川流過，也為城市增添不少姿色。

　　京都的交通以四通八達的公共汽車為主，十分方便。地下鐵是近年才開始營建，目前只有烏丸線一線。我搭上地鐵烏丸線，在丸太町下車，出了車站，很快就找到京都御苑。

▲京都處處可見古色古香的住屋。

▲ ▶京都御苑是日本天皇舊皇居所在，包含御所
　（舊皇居）在內及周圍的廣大綠地，現在已開
　放為國民公園。

▼ ▶ 京都御苑近入口處有一座小稻荷神
社，掛著許多小巧可愛的祈願繪馬。
稻荷（狐仙的俗稱）則是五穀之神的
使者，至今仍受廣大的日本民眾所崇
祀。

▲京都御苑的屋宇一角，不經意捕捉到停駐的鴿子的身影。

京都御苑是日本天皇舊皇居（御所）之所在，自1331年至1867年間為天皇之皇宮，現在已經將包含御所周圍的廣大綠地開放為國民公園。御苑東西約七百公尺、南北約一千三百公尺，周圍疊砌石垣，四面共開九個門，均可出入。公園廣大幽靜，在春天的陽光下，漫步苑中，大片的草坪和各具姿態的古松，令人心曠神怡。近入口處有一座小稻荷神社，掛著許多祈願繪馬，小巧可愛。稻荷是狐仙的俗稱，自古以來，日本農民相信狐是五穀之神的使者而加以崇祀，至今日本祀狐的稻荷神社大約還有四萬座，足見稻荷信仰之普遍。

御所在御苑的中央北部，自南北朝的光嚴天皇在此即位以來至明治時代為止，為歷代天皇的住所。御所周圍有白色長方形的城垣環繞，呈南北走向。正門在西面，其兩側有宜秋門和清所門，東面有建春門，南面有建禮門，北為朔平門。御所曾多次遭祝融之災，現有建築完成於1855年（江戶時代晚期），依平安時代樣式復原，雖非富麗堂皇，但見樸素高貴之氣質。除春秋兩回的開放時間外，參觀御所需

事先向宮內廳申請，一般遊客只能在門外欣賞其優雅外觀。

　　走出御苑，依圖找路，走到了二條城。此城東西長五百公尺、南北長四百公尺，周圍疊砌石垣，垣外有護城河環衛，東南和西南角各有一座角樓（守望城樓）。二條城係德川家康於1611年所建，是歷代德川幕府將軍在京都的寓所，城壘堅固，建築富麗，充分顯示權傾天下的幕府威勢。我到達的時候，已經黃昏，不得入內，只好沿護城河繞一圈，略看這一座幕府將軍城池的雄風。

　　離開二條城，再依地圖往四條河原町的方向走，逐漸感受現代化的繁華氣氛。四條河原町是京都最熱鬧的地方，包容許多現代和傳統的小店。各類商品琳琅滿目，從西方進口的舶來品到京都的手工土產，應有盡有。我喜歡看土產品，這裡有傳統的瓷器、漆器、絲織品和刺繡等高級工藝品，其中精製的人形（日本娃娃）價格十分昂貴，一件作品賣價可高達數十萬日幣，實在是買不起，只能看過癮。在河原町的小店吃過晚餐之後，繼續逛街，無意中走到鴨川之側，有一條古意盎然的小巷，巷中都是日本小酒館，充滿日本風味，饒富情趣。一路往京都車站的方向走，回到旅店已經晚間九點，漱洗上床之後，心中還痴痴想著那個買不起的「京人形」入夢。

京都一日漫步

三十三間堂→京都國立博物館→清水寺→三年阪→二年阪→高台寺→圓山公園→知恩院→青蓮院→南禪寺→哲學小徑→慈照寺（銀閣寺）

　　這一天是星期日，天氣晴朗，根據氣象預報，溫度是攝氏五到十四度，是一個氣候怡人的日子。我準備了觀光地圖，依照行前計畫的

▲京都御苑的建築，時時透露著樸素高貴的氣質。

▲ ▶ 二條城是歷代德川幕府將軍在京都的寓所，東南和西南角各有一座角樓，堅固的城垣外又有護城河環衛，充分顯示權傾天下的幕府威勢。

▲ ▶ 三十三間堂為京都妙法寺的
境外佛堂，是一座長條形的三
十三間連棟建築，供奉的神、
佛像都是鎌倉時代的木雕傑
作，是日本國寶級的重要文化
財。

◀ 包含新舊兩館的京都國立博物館，舊館是明治風格的建築，現在已被日本列為重要文化財。

▼靜謐的寺院，似乎也在訴說京都的古都風情。

路線，一早從旅店出發，開始一天的徒步漫遊。第一個目標是以珍藏許多國寶和重要文化財聞名的三十三間堂，當我到達門口的時候，已經有許多人排隊買票、等候開門。

三十三間堂始建於1164年，1249年焚毀，1266 年重建。本堂屬於京都妙法院的境外佛堂，正稱蓮花王院，爲後白河上皇的敕願寺，爲當時擁有權勢的平清盛所捐建，原建築毀於祝融，現在的建築爲鎌倉時代所重建。

台灣傳統民宅有「三間起」、「五間起」之稱，「間」指兩柱之間的一個建築單位，「三間起」是三間連棟建築，「五間起」是五間連棟建築，三十三間堂就是一座長條形的三十三間連棟建築，面寬六十四公尺、進深十三公尺。堂中央供奉本尊坐姿十一面千手千眼觀音像（1254 年雕刻完成），座後有風神和雷神像，左右各有五百尊立姿千手觀音像，每五十尊爲一列，左右各十列，全堂總共有一千零一尊觀音像，還有二十八部眾及風神、雷神等立像，全部都是鎌倉時代極具代表性的木雕傑作，因此全部經指定爲重要文化財，而其中部份精品則列爲國寶。

京都國立博物館就在三十三間堂的對面，有新舊兩館。舊館是明治二十八年（1895 年）由片山東熊設計的明治風格建築，現已列為重要文化財；新館於1966年落成，成為摩登及古典的鮮明對照。館內收藏的文物都是國寶及重要文化財，其中最動人的還是寺廟中移來展示的大型木雕神像。館中展出的一座閻羅王木雕坐像，狀極威猛，神韻生動，吸引我駐足良久，不忍離去。

京都國立博物館的創立起源於明治八年，以調查、蒐集及保存明治時代因西化風潮而面臨毀損危機的古代文物，尤其以保存寺院及神

▼京都國立博物館，以保存寺院及神社歷代相傳的寶物與歷史資料為目的。

▲京都國立博物館附近的清水寺內。

錦雲溪

1. 仁王門（赤門）
2. 三重塔
3. 鐘樓
4. 經堂
5. 本堂（正殿）
6. 阿彌陀堂
7. 奧之院（裡院）
8. 大講堂

池

放生池

◀京都清水寺觀光圖

▲ ▶ 位於茂密山林中的清水寺，因寺中有一
處清泉而得名。除了宏偉的殿堂、樓閣、
院落、寶塔，金黃的清水寺塔更成為京都
的象徵景觀。

▶ ▶ 清水寺一隅。

社歷代相傳的寶物與歷史資料為目的。明治三十年在現址（舊七條的皇室所有地）設立帝國京都博物館。本館的藏品，許多是代管及展示京都左近神社寺院所寄存的美術文物，極具歷史與藝術價值。

新館展示日本考古及藝術資料，考古室中展出自日本史前繩文、彌生陶器乃至歷史考古方面的文物；陶瓷室有中國漢代的綠釉、唐代的三彩釉、宋代官窯瓷器、元明清三朝的主要作品等，無論質與量都相當可觀。繪畫室是館中最足以誇耀的部門，收藏品包括三十餘件國寶及二百餘件重要文化財。其次，平安時代及鎌倉時代的佛教畫、室町時代的水墨畫、桃山及江戶時代的文人畫和風俗畫、中國的宋元繪畫等，都極為出色。此外，館內還收藏並展示典籍、古文書類、染色、漆器藝品、佛具及武器類金屬藝品。

走出博物館，跟著觀光圖的指示，沿路經過智積院、妙法院等名寺，來到西大谷本廟。因為今天是星期日，所以前來參拜的人很多。我跟著參拜的信眾走入山門，穿過廟後綿亙的墓地，走了一大段上坡小道，迤邐來到清水寺。

▲哲學小徑就在古老的小運河邊，河邊種植成排的櫻樹，環境清幽。

清水寺建於西元798年，因寺中有一處清泉而得名。從仁王門起，境內面積約十三公頃，位在清水山腰，四周山林茂密，景色優美。以清水山為背景的本堂舞台、多寶閣與大講堂、鐘樓、三重塔、經堂、阿彌陀堂、奧之院等，都是相當雄偉的建築。本堂（正殿）建於1633年，是未用一釘的日本式傳統木構建築之佳作，本堂前部的清

水舞台是以一百三十九根大木柱支撐的木造遊廊，可以遠眺京都，一覽全景。金黃色的清水寺塔，矗立於眾堂之間，巍峨大觀，已經成為世界知名的京都象徵景觀。

　　寺旁有地主神社，奉祀姻緣之神，被認為是戀人的神社，有許多青年男女到此祈願，兩情不渝。神社前有一對地主神社盲石，相距約十八公尺，據說若是矇著眼睛，唸著愛人名字，從一石直線走到另一石，姻緣可成。寺外崖下有音羽瀑布，傳說瀑布之水有治病降福之功，因此遊人至此，無不爭飲一瓢瀑布清泉。

　　從西門走出清水寺，就是有名的三年阪（產寧阪），道路兩旁的建築仍然保存了江戶時代的町屋式樣，古趣盎然。因為時間已經過了中午，我就找了一家小店吃了簡便午餐。餐後就在附近的小店之間流連，這裡是京都名產清水燒（瓷器）、西陣織、友禪染、京人形等店鋪匯集而成的京都土產品超級市場，貨色很多，皆中等價格，我終於忍不住買了一個男童人形作紀念，並且隨興買了一個寫著「勉學向上」的祈願繪馬，上面彩繪一個逆水行舟的學子圖樣，準備掛在女兒的房間，鼓勵她們倆用功讀書。

　　一路悠閒的逛小店、看土產，不覺走下三年阪，經過二年阪、高台寺、圓山公園、知恩院、青蓮院，來到南禪寺。此寺為日本臨濟宗之最高寺院，建於1291年，寺境內有放生池、敕使門、三門、法堂等排成一線的建築，兩側還有高塔，十分宏偉壯觀。

　　走過南禪寺，靠著山邊，來到哲學小徑（哲學の道），這條小徑沿著古老的小運河，河畔種植成排的櫻樹，環境幽靜。昔時的日本哲學家經常在這一條小徑上漫步沉思，因而得名。可惜我來的時節太早，櫻花尚未開放，無緣得見櫻花怒放的美景。順著哲學小徑，傍晚

▲ 奈良國立文化財研究所的飛鳥資料館。

▲▲ 從京都到奈良下車站，奈良驛中有「奈良歷史教室」等博物館設施。

▼▲遍植松樹的奈良公園，松林間遍布古老的神社、寺廟，悠遊漫步的鹿群與覓食的鳥兒，更是園內平和而寫意的風景。

▼▲環境清幽的奈良東大寺，是世界上最大的木
造建築物，保有日本首屈一指的「奈良大
佛」，這大佛是天光水色中的莊嚴化身。

115 京都・奈良印象

時分來到銀閣寺，此寺正名慈照寺，因寺內有出名的銀閣而俗稱銀閣寺。此時寺門將閉，已謝絕遊客，因此未入內參觀，不得見銀閣風姿。

悵然離開銀閣寺，沿金出川通走到烏丸通，搭地鐵至京都驛，走回旅店，已經晚間六點三十分。算算今日從上午八點出門，大約走了十個小時的路，雖然一路風光怡人、心情愉快，但是不可否認的，也弄得肩膀酸痛、一身疲累。躺在床上，除了回味一幕幕的京都景緻之外，也難掩人過中年、歲月不居之歎。

奈良之旅

◀▲東大寺的金剛力士像。
▼奈良興福寺的木雕。

從京都轉到奈良，在奈良住了五天五夜，其中一天往返大阪，兩天往返「飛鳥地方」，在奈良市實際上大約只有一天半的時間。到大阪是前往茨木拜訪國立民族學博物館；到飛鳥兩日，其一是考察飛鳥歷史公園，其二是拜訪奈良縣立橿原考古學研究所和飛鳥資料館。奈良市內主要的拜訪機構是奈良國立文化財研究所，觀摩其遺址、遺物的保存維護設施，並參觀平城宮跡、資料館與遺構現地保存館。在以上的公務考察預定行程之外，我利用零星時間，參觀了奈良公園、春日大社、東大寺、興福寺等處，也參觀了奈良國立博物館、近鐵奈良驛的「奈良歷史教室」等博物館設施。

奈良，是繼飛鳥時代的藤原京之後，從元明天皇開始定都的日本大和朝廷的首都（西元710至784年），舊稱「平城京」。城內的大安、元興、藥師、興福、東大、新藥師、法華，號稱平城京七大寺，

其他還有許多古老的神社和寺院。古意盎然的社寺和著名的土產，吸引許多國外的遊客，是一個聞名全球的國際觀光城市。

奈良公園・古老社寺

奈良公園位在奈良市的東郊，東西約四公里、南北約二公里。園內遍植松樹，松林間遍布古老的神社、寺廟。園內鹿群悠遊漫步，因此有鹿園之稱。這些來去林間的馴鹿，看到拿著鹿餅的遊客就趨前討餅吃，看到我這個拿相機的遊客卻回頭就走，可真是心中雪亮。因為時間所限，我選擇參訪了公園中的東大寺、春日大社和興福寺。

▲精緻的春日大社，是一座古老的神社。

東大寺位於奈良公園東北邊的若草山，以寺內的大佛和大鐘聞名。稱為奈良大佛的銅鑄蓮座毘盧遮那佛（大日如來）寶像，像高十六公尺，重達五百噸，法相莊嚴，堪稱日本首屆一指的大佛。這一座大佛是聖武天皇為祈求國家安泰所起造的，費時九年，於西元752年完成，盛大舉行開眼供養法會。安置大佛的神殿是世界上最大的木造建築物，氣派十分雄偉壯

▶ 二月堂因每年二月舉行佛教「取水儀式」而得名。

▼ 春日大社前的大道兩旁，有成列的石燈。

▲二月堂的二樓前景開敞，可以眺望山林平野。

▼興福寺沿下的木雕。

▲▲春日大社一景。

▶▶興福寺是藤原氏的氏寺，收藏了不少佛教藝術珍品。

觀。經歷多次戰亂和火災，原來的殿宇和大佛幾已全毀，現存大佛殿為寶永六年（1709年）復原重建。

東大寺以南大門為總門，門兩側各有一尊金剛力士（仁王）像，來守護寺門；像高六公尺多，神態威猛，雕工非凡，為日本國內最大的仁王像。大佛殿坐北朝南，面對南大門，殿宇東西五十七公尺、南北五十公尺，殿高四十九公尺，屋脊兩端飾金色鴟尾，在陽光下顯得雄壯而威嚴。

沿著大佛殿東邊後面山坡的小路步行十多分鐘，就可以到達三月堂（法華堂）。這是現存東大寺中最古老的一棟建築，因為每年三月會在此舉行「法華會」而得名。二月堂位於三月堂右後方山坡，倚坡而建，堂左有石階步道，階側林立捐建者石碑。此處每年二月舉行「取水儀式」，因而名為二月堂。堂之二樓向平野敞開，從山腰眺望大和平原，令人胸懷頓開。

春日大社是十分古老的一座神道神社，供祀藤原氏的氏神，建築精緻，古色古香。社前大道兩旁有成列的石燈，皆為信徒所捐獻。社前有寶物館，陳列許多神社所藏的平安時代繪畫、工藝及雕刻等珍貴文物，其中有列為國寶的鎧甲和金地螺鈿毛拔形太刀、蒔繪弓、伯素文鏡、春日權現靈驗記繪卷、大鼓等重要文化財。

興福寺是藤原氏的氏寺，在鎌倉時代擁有廣大的莊園和僧兵，可惜歷經數度祝融之災，特別是德川時代享保年間的一場大火，幾乎將整個寺院焚毀殆盡，目前整建者，已遠不復當年之規模。興福寺之國寶館建於明治初年，主要藏品有：千手觀音立像，木雕無著菩薩和世親菩薩立像，乾漆十大弟子立像六尊，阿修羅像，木造金剛力士兩

尊，木造天燈鬼、龍燈鬼，這些都是佛教藝術的珍品。興福寺外有一座高聳的五重塔，高約五十公尺，是僅次於京都東寺五重塔的日本第二高佛塔。

奈良國立博物館

明治二十二年（1889年），日本政府在擁有許多佛教文物的古都奈良創設帝國奈良博物館，並且在二十八年（1895年）開館。後來經過多次改制，於昭和四十三年（1968年）隸屬文化廳，稱為奈良國立博物館。昭和四十七年（1972年），配合奈良公園環境而設計建造的新館正式落成。舊館為名建築師片山東熊所設計的明治時代的建築，因此與京都國立博物館一樣，被指定為重要文化財。

六世紀東傳的佛教，以奈良及近畿地區為中心逐漸遍及全日本，為日本文化增添了一分重要的特質。就藝術和歷史的觀點而言，亦可在繪畫、雕刻、工藝和建築等方面，發現佛教的燦爛成果和深遠影響。

館內收藏並展示的資料以具歷史價值的佛像、佛畫、佛具等為主，幾乎全都是國寶及重要文化財級的文物；因此就日本佛教藝術觀點而言，本博物館的展品可誇稱為日本第一。展品除本館收藏外，包含近畿地區及全國各地古寺、神社委託代為保管的古藝術品，因此本館成為瞭解釋迦、大乘、密宗、淨土、禪宗等日本佛教藝術源流的絕佳文物重鎮。春、秋兩季的特展是本館的特色：春季特展將全國的佛教藝術品收集一堂，呈現日本佛教藝術之大觀；秋季特展為正倉院

▼在哲學小徑前駐足凝思，勾勒一次悠閒的再遊。

展，借展東大寺正倉院所藏的珍貴文物，吸引了世界各地遊人以及佛教藝術的專門研究者前來參觀。

再遊的許願

來日本的幾次行程中，大都以東京附近為主要的活動範圍。能夠有機會在京都、奈良、飛鳥等代表日本古代文化故鄉的景色中留連，實在是一件非常愉快而難忘的事。短短的時日、匆匆的行程，當然是意猶未盡。最大的願望是有機會再來，安排一個真正悠閒的旅程，好好享受沉浸在文化藝術氣息中的香醇和寧靜。

▲春日大社到處可見的石燈，為社裡增添許多古典風情。

第6章

歷史與現代共聚的大地舞臺

□ 明日香村的飛鳥歷史公園

日本的歷史公園

　　1993年三、四月間，前往日本東京國立文化財研究所，進行為期一個月的專題研習，研習的主題是「考古遺址公園的規劃與保存技術」。研習期間，走訪了東京附近的橫濱市三殿台遺址公園、千葉縣的千葉市立加曾利貝塚博物館、埼玉縣的水子貝塚公園（整備計畫中）及埼玉古墳公園。其間並前往京都、奈良地區進行相關研究機構、博物館及遺址公園的觀摩考察。奈良縣的國營飛鳥歷史公園，早在預定行程之中，行前已經查閱基本資料，準備到實地仔細的看看這個備受讚譽的歷史公園。

　　1971年，日本政府為了保存飛鳥地區零散分布的重要古蹟，維持其自然風貌，就在明日香村規劃了「國營飛鳥歷史公園」。歷史公園由建設省規劃管理，是為了保存維護飛鳥地方自一千三百年前至一百年前的風土和文化財，並作為歷史教育活用而設立的國營公園。公園規劃整理了高松塚古墳周邊地區、甘堅丘地區、石舞台地區、祝戶地區四個古蹟區，並以完整步道聯結散布在飛鳥各地的古代遺跡和神祕的石造物，讓遊客以徒步或腳踏車悠遊其間，盡情享受自然風光和徜徉於歷史古蹟的樂趣。

　　國營飛鳥公園的管轄面積，實際上僅有四十七公頃，而方圓五百公頃的廣大飛鳥地區，則由明日香村當地居民自發的維持其田園風貌。本村於1970年自行訂定的「明日香村歷史風土保存特別立法」，其精神就是以居民發起的「社區運動」來保存維護自己鄉土的自然環境和歷史古蹟。這一片氣氛恬靜、沒有邊界的歷史公園，每年大約吸

引了一百五十萬人來到此地旅遊及參觀古蹟、考古遺址，成為日本廣域的歷史風土與自然環境保存維護的典範。

飛鳥時代與明日香村

「飛鳥」的日語讀音為「あすか」（Asuka），其同音異文還有「明日香」和「阿須迦」兩辭。通稱的「飛鳥地方」，位於現在日本近畿奈良平原的南部，以奈良縣高市郡的明日香村為中心，並包含其周邊的橿原市、櫻井市、高取町的一部份，南北約八公里、東西約六公里的一帶地方。號稱日本古代統一朝廷誕生地的「大和盆地」，即位在飛鳥地方的北緣。

▲沒有邊界的飛鳥歷史公園，滿眼所見盡是鄉村田園景色。

西元四世紀前後，以大和盆地為中心的原始部落集團，逐漸結合起來，肇建了日本古代統一國家的雛型，即史稱的「大和朝廷」。這一個時期相當於史家所稱的「古墳時代」，遺留了許多君主和豪族的巨大墳丘墓，其中有若干被認為是天皇世系的陵墓。

日本古代朝廷沒有固定的都城，皇室的居處經常遷移。從六世紀後半，開始經常在飛鳥地方建立宮室，一直到八世紀初才遷到奈良定都。因此，從六世紀後半到七世紀末的大約一百五十年間，史稱「飛鳥時代」；至定都奈良之後，史稱「奈良時代」。

飛鳥時代的政治文化中心在飛鳥地方，所以明日香村及其周緣地區分布許多古蹟。其中幾座古墳被認爲是天皇的陵墓，如欽明陵、天武持統陵、文武陵；另外還有菖蒲池古墳、石舞台古墳、中尾山古墳、都塚古墳、細川谷古墳等多處知名的古代墳塚。由於飛鳥地方是日本古代朝廷的發祥地，遺留了許多歷史的遺跡，最足以引發思古之幽情，因此常被稱爲是日本人「心靈的故鄉」。

飛鳥的歷史散步
飛鳥歷史公園館→中尾山古墳

三月二十四日，清早起床，根據電視的氣象預報，當天的氣溫約攝氏八至十三度，陰後陣雨。七點五十分，趁著早春的涼意，從奈良市的旅館出發，搭上市區巡迴公車到近鐵（近畿鐵道）奈良車站。從奈良站乘鐵道

電車至大西寺站，轉車至橿原神宮前車站，再轉一次車，才到達飛鳥站，抵達的時候已經是上午九點十分。

飛鳥站是一個質樸可愛的小車站，我在車站前的「飛鳥案內所」取了簡介資料，溫習了一下事先攜帶的地圖。案內所的隔鄰有腳踏車的出租店，但是我還是決定用走路的方式放懷的暢遊公園。主意既定，提起行李包，沿著車站前的道路前行，開始了徒步一天的「飛鳥的歷史散步」。

走進沒有邊界的公園，眼前是充滿田園風味的鄉村景色。沿路而上，首先來到國營飛鳥歷史公園館，這裡是公園的辦公室，肩負公園規劃與管理的任務，同時也兼為遊客服務中心。館內以展示圖版、映像設備、立體地圖模型解說公園中的古蹟及歷史，並免費提供詳細的飛鳥公園地圖，讓遊客可以依賴旅遊地圖暢遊公園。

我的第一個目標是參觀號稱世紀大發現的高松塚古墳。行經半途，巡路標走入上坡岔道，先到了中尾山古墳，此墳在高松塚北方，是一座兩段構造的八角形墳，屬火葬墳。墳的造形精巧，可惜經過盜墓，遺物已經無存。下得坡來，直趨高松塚，尚未到達之前，先看到了高松塚壁畫館。

高松塚古墳與壁畫館

高松塚壁畫館→高松塚→文武天皇陵→天武‧持統天皇陵→龜石→橘寺

高松塚壁畫館建在高松塚古墳鄰地，館中復原了古墳石室，並精緻模寫其中的壁畫展出。為達到求真的境界，壁畫館以原大小尺寸與原彩色來模寫壁畫，經過二十名科學家和畫家的仔細考證推敲，並將

◀◀ 飛鳥公園因為最易引發人思古之幽情，被稱為日本人「心靈的故鄉」。

▲沿著幽靜的道路前行，開始飛鳥的歷史散步。

剝落或污水形成的流垢處，以紅外線、顯微鏡照相的方式分析研究，再經過十二名科學家與畫家忠實而精密的描繪模寫，費時二年多的時間完成，使該壁畫得以再現於世。

古墳室內空間不大，展示室依其墓室展開圖而建，模擬墓室之內部空間；而壁畫則依原寸原樣描繪在壁面，並保護在櫥櫃內；天井亦照原樣描寫；室內中央置石棺模型，出土金銅器則以複製品陳列。這樣簡單的展示構想，使參觀者對當初發現時之墓室狀況一目了然，是相當直接的再現展示方法。

走出壁畫館向前看，就可以望見長滿翠竹的墳塚，這就是在日本號稱世紀大發現的高松塚。墳丘的封土呈圓饅頭形，底部直徑約十八公尺，高約五公尺。墳丘由黏土與褐色土層堆成，並用版築夯土，非常堅硬。墳塚中心的部位為凝灰岩石料砌成的橫穴式長方形槨，東西兩壁各用三塊石料砌成，南北兩壁各用一塊石料，槨頂用三塊石料砌成，槨室南北長二點六五五公尺，東西寬一點零三五公尺，高一點一三四公尺。當初造墓的時候，是先在地面上砌石槨，然後再於槨上封土成墳。

▲號稱世紀大發現的高松塚古墳，饅頭形的墳塚上已長滿翠竹。

高松塚古墳在1972年由當地的農民發現，而開始進行正式考古發掘，由於曾經遭人盜掘，墓內的葬具、人骨和隨葬品等多已破壞或缺失，僅存少數遺留。殘損的塗漆木棺中所留人骨，經鑑定，墓主為四十至五十歲男性。隨葬品在經盜掘之後，尚存銀製刀飾、金銅棺飾等物，意外的居然在槨室東南角發現一件完整的「海獸葡萄銅鏡」。

槨室的石壁上塗著一層厚約零點五公分的灰泥，上面描繪著彩色

壁畫，壁畫的內容有四神圖、天象圖及男女人像。壁畫內容很豐富，色彩富麗，描繪也相當精緻。從壁畫內容，尤其是墓壁的四靈圖像，顯然可以看到其中受中國文化影響的痕跡，對於中國文化傳入日本之說，提供一個鮮明的例証。過去在九州北部的福岡、佐賀、熊本、大分等地雖然也發現古墳壁畫，但都較為粗簡。高松塚壁畫因其絢麗風華及歷史價值，而成為戰後日本考古學界最重要的發現之一，也因其稀有及珍貴性，被指定為國寶而期望永久保存。

擁有國寶壁畫的高松塚古墳，在發掘中及發掘後的保存問題，自然十分引人關切。古墳發掘時，因開啓封存已久的墓室，一定會破壞原來環境的穩定性，因此也極易造成損壞的危機，例如：水分的散逸、外面空氣的侵入、熱氣及光線的傳入等因素，都可加速古墳及其壁畫的崩壞。因此開始發掘後，即由文化廳主持對壁畫的應急保護措施。並決定，發掘後古墳及其壁畫原件將妥善的予以封存。

高松塚古墳由於它的珍貴性，不但必須保存，而且要保存在原處，因此發掘中即同時進行溫濕環境的維持，發掘完成後，將原墓封存，並建設一座機械室以控製墳室的保存環境。這一組保存設施使用最先進的保存設備，在墓室中安置十分靈敏的感知器，可自動啓動溫濕調節機器，以保持墓中的恆定溫濕度。同時每年定期的由相關專家進入「前室」，觀查墓室壁畫保存情形，以確保國寶壁畫的長久保存。這樣費盡心思的保存設施，最足以代表日本人對古蹟珍愛和用心保存的典型風格。

在封存的高松塚流連了一會兒，轉往其南側的文武天皇陵，登上墳側，由此鳥瞰高松塚及其周邊環境，眼界十分開闊，可一覽四圍美景。

▶ 以木造為主的橘寺，傳說是聖德
　太子的誕生地。

▲龜石是飛鳥地方許多令人迷惑的石
　造物之一。

走下文武天皇陵，開始朝第二個主要目標石舞台前行。途中經過天武・持統天皇陵、龜石、橘寺等古蹟。天武・持統天皇陵是日本「大化革新」（西元645年）後完成古代律令國家的天武天皇（即位前稱海人皇子）和他的皇后（繼其夫為天皇，稱持統天皇）的合葬墓。此陵是底徑約五十公尺的圓墳，據記載，曾於1235年遭盜墓賊侵入劫掠，墓室內已無倖存之物。

龜石在橘寺之西，道旁民舍之間，是一塊經過人工雕刻的龜形巨石，有刻痕清晰的眼睛，面朝西。飛鳥地方有許多令人迷惑的石造物，如噴水的須彌山石、酒船石、鬼之俎石、鬼之雪隱石及數目不少的猿石。龜石是否與當時居民信仰崇拜相關，仍然是一個難解的謎。

橘寺位在佛頭山的山腳，始建於西元七世紀，傳說是聖德太子的誕生地，寺前路口豎有「下馬碑」，軍民人等至此下馬，以表示對聖德太子的崇敬之意。明日香村的居民每年兩次（四月和十月）在橘寺舉行「太子會式」，紀念聖德太子的豐功偉業，風習沿傳至今。橘寺境內立著一件「猿石」，一面雕刻像善人，另一面雕刻像惡人，因此稱為「兩面石」。

石舞台

石舞台古墳→岡寺→地藏菩薩石像→佛足石→稻荷神社→酒船石

中午時分，終於走到石舞台。首先進入眼簾的是一大片曠地，新綠透露出早春的信息。穿過空地，走到石舞台收票口的時候，天空開始降下豆大的雨滴，頃刻間降下一場春雨。幸好早在天氣預報中知道會下雨，從容取出雨傘，在雨中參觀這一座經常被引為飛鳥地標的石舞台古墳。

▲ 經常被引為飛鳥地標的石舞台古墳，已經以具石的雄姿挺立千年之久。

石舞台是由三十多個總重量超過七十五噸的巨大花崗岩石塊所構築成的石室墓，石室墓上之封土早已不存，而墓室內的棺具也不可考。經過學者的調查發掘，清理出巨石下的方形墓室。此墓室約高四點七公尺、深七點七公尺、寬三點六公尺，墓室底面有排水溝，是日本境內最大的方形石室墓。傳說是飛鳥時代豪族蘇我氏—蘇我馬子--的墓塚，但是至今仍然無法確切証實。

　　以巨石的雄姿挺立在飛鳥土地上的石舞台，在風雨中已歷千年之久。雖然根據推測，這個方形石室墓上，原來應該也是一座有封土的圓墳，但是自來所知，即已封土不存，只留下裸露在大地上的墓室上方巨石，而且已經成為飛鳥地方十分具有象徵性的地標。因此在經過學者的調查發掘，清理出巨石下的方形墓室後，沒有將其封土復原，而保持其巨石裸露的狀態。

　　裸露的巨石在風雨歲月中寸侵尺蝕，難免有逐漸損壞的危機。幸好飛鳥地方沒有空氣污染之害，可以減低岩石受損。另一方面，保存科學專家也一直從事岩石凍裂、表面風化及生物侵害等各種可能的損害因素研究，以岩石表面藥物處理及經常性的維護，儘可能的保護這一座裸露的巨石古墳。

　　石舞台古墳的展示觀覽設施十分簡單，原則上儘可能保持其原始風貌。較特殊的是在附近喬木叢中安裝擴音設備，隱藏在樹葉之中，定期循環播放鳥聲、樹搖的風聲、簡潔的解說和悅耳的音樂，構成一個自然與歷史交織的環境。整理之後的石舞台古墳，遊客可以走進方型墓室之中，體會幽幽古墳的歷史情境。

　　走出石舞台的墓室，來到了附近的休憩所。在那裡買了一罐可樂，取出攜帶的麵包和香蕉，簡單的解決了午餐。餐畢就再度踏上旅

程，這個下午就一直在雨中漫步。爬上一大段長坡，來到了山腰上的一座大佛寺，此寺名爲岡寺，亦稱龍蓋寺，在石舞台北方約七百公尺之地，始建於西元七世紀。寺位在山腰，規模宏偉，本尊佛像爲銅造如意輪觀音菩薩，是奈良時代前期的作品。從岡寺往山上走，有一條幽靜的山徑，沿路有地藏菩薩石像、佛足石、稻荷神社等，在雨中顯得清靜而神祕。

下了山，沿著步道的指標，再爬一個山坡，找到了酒船石。這是一塊雕刻著凹槽和圓池的巨大石頭，安詳的躺在一座小山丘的樹林間。雖然有造酒用石、造油用石、導水設施、道教思想刻石等種種猜測，但是其真正用途和意義，目前仍然沒有一致的看法。

明日香民俗資料館

從山路回到步道，來到了小巧可愛的明日香民俗資料館。明日香村是飛鳥地方的中心區，建村已有一千四百年的歷史。這個日本古代朝廷的發祥地，至今仍保存著農村的質樸自然風光，無爭的與遍地古蹟安祥合諧的共存。本地的居民仍承襲先人的生業、風俗習慣、信仰，保存了傳統的衣食住、民俗藝能及年中行事。他們以遍地的古蹟自豪，同時也十分珍惜古老的民俗器用，因此建設了「明日香民俗資料館」，展示農具、衣服、器具及各種民俗資料。一方面爲本村留下民俗文化財，另一方面，這種公開展示，正提供外來遊客對本村的深一層了解。

資料館是一座小型的鄉土民俗館，座落在酒船石遺跡和飛鳥寺之間。館舍清靜幽雅，前有小庭園，草木扶疏。正面是茅草葺頂的門

▼這一塊雕刻著凹槽和圓池的巨石，叫作酒船石。

133 明日香村的飛鳥歷史公園

▲▼越過位於山腰的岡寺，走一條幽靜的小
　徑上山，地藏王菩薩石像、稻荷神社等，
　成為雨中清靜而神祕的剪影。

◀走過岡寺後的幽靜山徑，可見到佛足石。
▼飛鳥寺是日本最早的正規寺院的典範，不過原
　址只存江戶時代所建的安居院。

135 明日香村的飛鳥歷史公園

屋，樸素可愛；走過門屋，首先看到一間移築而來、陳設完全的舊式民房，是本館「住」的展示。穿過民房才是資料展示室，室中分別以農耕、山樵、手工製品、養蠶、染織、運搬為主題，展示相關民俗器物。雖然展品的數量和內容均不足以稱奇，但是卻使人深深感受村民珍愛自己傳統的心，而令人欽佩不已。

飛鳥寺跡・水落遺跡

飛鳥寺→水落遺跡

　　天上的雨一直沒停歇，這是在日本三週以來難得碰到的綿綿春雨。爬上岡寺的那個大陡坡之後，已經覺得體力不繼，不過我還是決心要走到預定的第三個主要目標—水落遺跡。到達水落遺跡之前，經過了著名的飛鳥寺遺跡。

　　飛鳥寺相傳為蘇我馬子所建，始建於崇峻天皇元年（西元 588 年），至推古天皇四年（西元 596 年）完成，歷時八年。為了建築飛鳥寺，當時從韓國百濟招來許多寺工、瓦工、鑪盤工和畫工等專門技術工匠。全寺有三座金堂和佛舍利塔的格局，為日本最早的正規寺院建築的典範。古寺現已不存，存於原址的為江戶時代所建的安居院，原飛鳥寺所安置的銅造丈六釋迦如來像本尊，由工匠鞍作鳥（止利佛師）製造，於推古天皇十四年（西元606年）完成，今仍存於安居院，稱為飛鳥大佛。這尊丈六銅佛歷一千三百餘年，經多次修補而滿身創痍，但作為日本最古銅造大佛及飛鳥時代佛像的代表作品，具有無比的歷史意義，也因此被指定為國寶。

　　繞過安居院，終於來到水落遺跡。此遺跡發現於1972年，當地的

▼岡寺後的幽靜山徑邊，有一座小小的稻荷神社。

農民申請新建一棟民房，因為飛鳥是古蹟分布十分稠密之地，所以申請建屋之前需要先行試掘調查。在初步的調查中，考古工作人員發現了這個四周環繞砌石溝的方型台基建築遺構，當時就被指定為國家史跡。1981年，為了進行教育活用的整備計畫而有第二次發掘，又發現了遺構的礎石、台基中央的暗渠、遺構中央的黑漆木箱及銅管殘

▲水落遺址是七世紀皇家漏刻計時宮室的建築遺構。

件。經過許多次的討論和研究，得到一個驚人的結論：這是七世紀皇家漏刻計時宮室的建築遺構。許多學者從《日本書記》和中國古代「刻漏圖」的資料中，復原了水落遺跡的刻漏計時宮室，使其歷史真貌大白於世。

研究發掘完成之後的水落遺跡，為了保存的緣故，已經將原跡回填，目前在原址之上精密複製了遺構出土的狀況。這種複製展示的方式，在日本被相當廣泛的使用，乃是兼顧保存及展示教育的範例。

離開水落遺跡時，覺得十分疲倦，但是心情卻十分舒暢。看看手錶，已經午後三點，也該是回程的時候了。主意既定，於是依照地圖

往橿原神宮前車站的方向走。走出明日香村的村界，進入橿原市地境以後，開始找不到路標，而不幸的是，在煙雲彌漫的大雨中，既看不到可資識別的地標，又沒有陽光可以判別方向，所以就在大雨中迷了路。途中問了三次路以後，才在四點鐘左右到達近鐵橿原神宮前車站。搭車回到奈良的旅館時，已經過了五點。這一夜，帶著一身疲累但是滿足的心情酣然入夢。

二度飛鳥行

橿原考古學研究所→奈良縣立橿原考古學研究所附屬博物館→飛鳥資料館

▶飛鳥資料館外的庭園，散置許多尊雕刻古拙的猿石。
▼飛鳥地方路邊的小神社。

第二天，從奈良再度來到飛鳥地方，上午拜訪了奈良縣立橿原考古學研究所，由該所的今津節生先生引導解說，參觀保存科學的各項設施以及該所的附屬博物館。本研究所是一座專業的考古學研究所，始創於1938年，是日本創設甚早的考古機構。主要從事奈良縣內（包括飛鳥地方）的考古調查發掘工作，並專設保存科學部門，各項設施新穎齊備，對考古遺址出土的金屬、木器之維護處理均達一流水準。該所多年來從事調查研究之成果，則在附屬博物館中展示，成為保存、研究與教育一體的機構。

研究所附屬博物館的前身為1940

年創設的「大和國史館」，以展示當時發掘的橿原遺跡出土品為中心，介紹古代大和的文化遺產。其後，曾四度更改館名，至1980年新館落成，同時定名為「奈良縣立橿原考古學研究所附屬博物館」。考古學的專門活動，兼及社會教育普及並重的歷史博物館，是本館長期延續的傳統。

本館建築外觀造形為簡單矩形的二層建築物，門窗開口向內，也是不等比例的矩形；簡單、樸實而且有信賴感的整體造形，頗為充實。展示空間在一層平面，動線呈口字型，展示室面積約一千平方公尺，展品上萬件，幾乎全部是多年來在奈良縣內遺址發掘調查的出土品，十分具有學術價值。

中央展示大廳開啟該館考古研究的序幕，安置整個奈良縣的遺址分布模型，因遺址大部份集中在奈良盆地的中心，故模型四面環山，北界京都府，南鄰吉野川流域，東接奈良市、天理市，西為大阪府，以一萬分之一比例製成，非常詳盡。第一個展示空間設演講室及春秋季的特展室，接下去則為常設展示空間，分設三室：第一室介紹舊石器、繩文、彌生時代的日本原始社會，第二

139 明日香村的飛鳥歷史公園

室爲古墳時代，第三展示室爲飛鳥、奈良、平安、江戶時代。全館展示品數量相當豐富，奈良縣境內最新發掘資料，在發掘、研究、整理後直接予以展出，表現該館在調查、研究、收藏維護、展示教育一體化的特色。

中午前往飛鳥資料館，由該館的岩本圭輔先生引導解說，參觀館外庭園的須彌山石、酒船石、猿石等石造物，也仔細的參觀了展示館和儲藏室。飛鳥資料館於 1975 年開館，是展示飛鳥時代（六、七世紀）飛鳥地方資料的小型綜合展示館。設館之目的爲收集保管飛鳥地方的考古資料、歷史資料、建造物、繪畫、雕刻等；並以飛鳥地方的歷史意義及文化財保存爲主題，透過通俗易解的展示，對大眾進行推廣教育工作。

資料館展示室面積約四百五十平方公尺，主要展示品有高松塚古墳出土的銅鏡、玉、金器，飛鳥寺、川原寺、大官大寺、山田寺的瓦、塼佛，明日香村的噴水石神、須彌山石和石神像。伴隨展示品的，有十分仔細的說明圖表，益增觀眾對飛鳥地方及飛鳥時代歷史的進一步瞭解。展示室中有一座藤原京的復原大模型，顯示日本古代王朝京城的輪廓；每年春、秋兩季則安排與飛鳥地方研究調查相關的特展。地下展示場是一間立體電影放映室，播放飛鳥文化及考古資料，頗受歡迎。其資料閱覽室及參考資料室均對外開放，並接受諮詢服務。

資料館外有一座大庭園，園之南側有一條小溪（戒外川）流過。館方利用自然地形高低錯落設計而成一座休憩公園，園中展示一件噴水的須彌山石的實寸復原模型及導水設施的酒船石，並散置許多尊雕刻古拙的「猿石」，頗吸引遊人注目。

▲飛鳥資料館外的猿石之一。

回程的時候，承岩本先生的盛情，以車相送至車站，途中還特意繞道經過石舞台古墳，並停留在山坡上鳥瞰石舞台，一攬左近鄉村平野景色，為連續兩日的飛鳥之行，留下值得記憶的最後一個畫面。

祥和田園上的歷史舞台

飛鳥地方的古蹟可謂遍地皆是、俯拾可得，飛鳥時代的宮室遺跡、古墳、寺院遺跡及零落各處的石造物，令人目不暇給。再加上自然的田園風光和恬靜祥和的氣息，實在是難得的人間福地，使人流連而忘歸。

國營飛鳥歷史公園是一座非比尋常的公園，它充滿了自然的田園野趣，更難得的是，它表現了歷史與現代並存、古今風貌融洽的空間。在這片沒有邊界的大地上，歷史分享了現代人的空間，而現代人也分享了歷史的餘韻。來到這裡，可以完全放鬆心情，自在享受自然的田園樂趣和緬懷歷史的情懷。在「現代」急遽侵吞「歷史」的繁華世界中，這裡提供了展現歷史的大地舞台。

▼靜謐詳和的岡寺，成了雨中令人留戀的一幅風景。

參考文獻

◆文化廳文化財保護部美術工藝課 1973 《高松塚
　　古墳壁畫調查結果》，月刊文化財 11：22-29。

◆江韶瑩 1990 《考察實況與心得》，國立台灣史
　　前文化博物館籌備處第一次赴日考察報告，頁
　　23-86 臺北：國立台灣史前文化博物館籌備處。

◆安原啓示、田中哲雄、高瀨要一、本中眞 1986
　　《石舞台古墳》，見河原純之、安原啓示編，《圖
　　說發掘が語る日本史 別卷：整備・復原すれた遺
　　跡》，頁78-79。東京：新人物往來社。

◆奈良國立文化財研究所 編 1991 《奈良國立文化
　　財研究所概要》，奈良：編者印行。

◆奈良國立文化財研究所飛鳥資料館 編 1983 《飛
　　鳥の水時計》，奈良：編者印行。

◆奈良縣立橿原考古學研究所附屬博物館 編 1988
　　《奈良縣立橿原考古學研究所附屬博物館總合案
　　內》，奈良：編者印行

◆飛鳥保存財團 編 1980 《高松塚壁畫館解說》，
　　奈良：編者印行。

國家圖書館出版品預行編目資料

古蹟、民俗、博物館／呂理政著、攝影 . − − 初
　版 . − − 台北市：世界宗教博物館，民86
　　面；　公分 . − −（博物館人旅行箚記；1）
　ISBN 957-99095-2-0　（平裝）

1. 亞洲 − 描述與遊記

730.9　　　　　　　　　　　　　　　　86001759